高等职业教育药学类与食品药品类专业第四轮教材

医药电子商务

（供药品经营与管理专业用）

主　编　段文海　孙　晓
副主编　王玉静　鲍　娜　王　韵
编　者（以姓氏笔画为序）
王　韵（重庆医药高等专科学校）
王玉静（山东医药技师学院）
刘敏雅（广东康爱多数字健康科技有限公司）
孙　晓（山东药品食品职业学院）
张　蓉（山西药科职业学院）
陈　宪（广东食品药品职业学院）
段文海（广东食品药品职业学院）
姜艳平（山东药品食品职业学院）
袁　蒙（山东医学高等专科学校）
郭文博（浙江医药高等专科学校）
鲍　娜（湖南食品药品职业学院）

中国健康传媒集团
中国医药科技出版社·北京

内容提要

本教材为“高等职业教育药学类与食品药品类专业第四轮教材”之一，系根据本套教材的编写指导思想和原则要求，结合专业培养目标和本课程的教学目标、内容与任务要求编写而成。本教材专业针对性强、紧密结合新时代行业要求和社会用人需求、与职业技能鉴定相对接；内容主要包括医药电子商务概述、相关政策和法律法规、网络营销策略和运营策略等。本教材为书网融合教材，配套有 PPT、题库、知识点体系等数字资源，使教学资源更多样化、立体化。

本教材主要供高职高专院校药品经营与管理专业师生使用，也可作为医药企业人员培训或社会人员自学教材。

图书在版编目（CIP）数据

医药电子商务/段文海，孙晓主编．—北京：中国医药科技出版社，2021.8（2025. 12 重印）.

高等职业教育药学类与食品药品类专业第四轮教材

ISBN 978 -7 -5214 -2526 -0

Ⅰ. ①医…　Ⅱ. ①段…　②孙…　Ⅲ. ①制药工业 - 电子商务 - 高等职业教育 - 教材　Ⅳ. ①F407. 75 -39

中国版本图书馆 CIP 数据核字（2021）第 143950 号

美术编辑　陈君杞

版式设计　友全图文

出版　**中国健康传媒集团**｜中国医药科技出版社

地址　北京市海淀区文慧园北路甲 22 号

邮编　100082

电话　发行：010 -62227427　邮购：010 -62236938

网址　www. cmstp. com

规格　889 × 1194mm $^{1}/_{16}$

印张　9 $^{3}/_{4}$

字数　225 千字

版次　2021 年 8 月第 1 版

印次　2025 年 12 月第 8 次印刷

印刷　北京金康利印刷有限公司

经销　全国各地新华书店

书号　ISBN 978 -7 -5214 -2526 -0

定价　35. 00 元

出版说明

"全国高职高专院校药学类与食品药品类专业'十三五'规划教材"于2017年初由中国医药科技出版社出版，是针对全国高等职业教育药学类、食品药品类专业教学需求和人才培养目标要求而编写的第三轮教材，自出版以来得到了广大教师和学生的好评。为了贯彻党的十九大精神，落实国务院《国家职业教育改革实施方案》，将"落实立德树人根本任务，发展素质教育"的战略部署要求贯穿教材编写全过程，中国医药科技出版社在院校调研的基础上，广泛征求各有关院校及专家的意见，于2020年9月正式启动第四轮教材的修订编写工作。

党的二十大报告指出，要办好人民满意的教育，全面贯彻党的教育方针，落实立德树人根本任务，培养德智体美劳全面发展的社会主义建设者和接班人。教材是教学的载体，高质量教材在传播知识和技能的同时，对于践行社会主义核心价值观，深化爱国主义、集体主义、社会主义教育，着力培养担当民族复兴大任的时代新人发挥巨大作用。在教育部、国家药品监督管理局的领导和指导下，在本套教材建设指导委员会专家的指导和顶层设计下，依据教育部《职业教育专业目录（2021年）》要求，中国医药科技出版社组织全国高职高专院校及相关单位和企业具有丰富教学与实践经验的专家、教师进行了精心编撰。

本套教材共计66种，全部配套"医药大学堂"在线学习平台，主要供高职高专院校药学类、药品与医疗器械类、食品类及相关专业（即药学、中药学、中药制药、中药材生产与加工、制药设备应用技术、药品生产技术、化学制药、药品质量与安全、药品经营与管理、生物制药专业等）师生教学使用，也可供医药卫生行业从业人员继续教育和培训使用。

本套教材定位清晰，特点鲜明，主要体现在如下几个方面。

1. 落实立德树人，体现课程思政

教材内容将价值塑造、知识传授和能力培养三者融为一体，在教材专业内容中渗透我国药学事业人才必备的职业素养要求，潜移默化，让学生能够在学习知识同时养成优秀的职业素养。进一步优化"实例分析/岗位情景模拟"内容，同时保持"学习引导""知识链接""目标检测"或"思考题"模块的先进性，体现课程思政。

2. 坚持职教精神，明确教材定位

坚持现代职教改革方向，体现高职教育特点，根据《高等职业学校专业教学标准》要求，以岗位需求为目标，以就业为导向，以能力培养为核心，培养满足岗位需求、教学需求和社会需求的高素质技能型人才，做到科学规划、有序衔接、准确定位。

3. 体现行业发展，更新教材内容

紧密结合《中国药典》（2020年版）和我国《药品管理法》（2019年修订）、《疫苗管理法》（2019

年）、《药品生产监督管理办法》（2020年版）、《药品注册管理办法》（2020年版）以及现行相关法规与标准，根据行业发展要求调整结构、更新内容。构建教材内容紧密结合当前国家药品监督管理法规、标准要求，体现全国卫生类（药学）专业技术资格考试、国家执业药师职业资格考试的有关新精神、新动向和新要求，保证教育教学适应医药卫生事业发展要求。

4. 体现工学结合，强化技能培养

专业核心课程吸纳具有丰富经验的医疗机构、药品监管部门、药品生产企业、经营企业人员参与编写，保证教材内容能体现行业的新技术、新方法，体现岗位用人的素质要求，与岗位紧密衔接。

5. 建设立体教材，丰富教学资源

搭建与教材配套的"医药大学堂"（包括数字教材、教学课件、图片、视频、动画及习题库等），丰富多样化、立体化教学资源，并提升教学手段，促进师生互动，满足教学管理需要，为提高教育教学水平和质量提供支撑。

6. 体现教材创新，鼓励活页教材

新型活页式、工作手册式教材全流程体现产教融合、校企合作，实现理论知识与企业岗位标准、技能要求的高度融合，为培养技术技能型人才提供支撑。本套教材部分建设为活页式、工作手册式教材。

编写出版本套高质量教材，得到了全国药品职业教育教学指导委员会和全国卫生职业教育教学指导委员会有关专家以及全国各相关院校领导与编者的大力支持，在此一并表示衷心感谢。出版发行本套教材，希望得到广大师生的欢迎，对促进我国高等职业教育药学类与食品药品类相关专业教学改革和人才培养作出积极贡献。希望广大师生在教学中积极使用本套教材并提出宝贵意见，以便修订完善，共同打造精品教材。

数字化教材编委会

主　编　段文海　孙　晓

副主编　王玉静　鲍　娜　王　韵

编　者　（以姓氏笔画为序）

王　韵（重庆医药高等专科学校）
王玉静（山东医药技师学院）
刘敏雅（广东康爱多数字健康科技有限公司）
孙　晓（山东药品食品职业学院）
张　蓉（山西药科职业学院）
陈　宪（广东食品药品职业学院）
段文海（广东食品药品职业学院）
姜艳平（山东药品食品职业学院）
袁　蒙（山东医学高等专科学校）
郭文博（浙江医药高等专科学校）
鲍　娜（湖南食品药品职业学院）

前言

《医药电子商务》主要根据高等职业教育药学类与药品医疗器械类专业培养目标和主要就业方向及职业能力要求，按照本套教材编写指导思想和原则要求，结合本课程教学大纲，由全国9所院校和企业从事教学和生产一线的教师、学者悉心编写而成。

本课程教材系药品经营与管理专业核心课教材，学习本课程教材主要为学生从事医药企业电商客服、网店运营推广、电子商务平台运营管理等岗位奠定理论知识和技能基础；本教材的主要内容包括医药电子商务概述、相关政策和法律法规、网络营销策略和运营策略等。

本版教材编写前充分地进行了人才需求调研工作，尽力使课程内容与产业发展需求贴近、使教学内容与职业知识需求贴近、适应“互联网+”背景下医药流通体制改革的需要。教材充分体现医药行业元素，紧扣行业内职业岗位与能力要求。考虑到医药电商是个很大的产业，本教材内容的选取“专”“适”兼顾，不仅仅局限于药品，因此也可适当兼顾其他非医药行业的产业。本教材为书网融合教材，配套有PPT、题库、知识点体系等数字资源，使教学资源更多样化、立体化。

本教材主要适用于全国高职高专院校药品经营与管理专业的师生使用，药学、中药学及相关专业也可选用其作为拓展课程教材，还可以作为医药企业人员培训或社会人员自学教材。

本教材编写组的主要成员大都从事教学工作多年，积累了丰富的教学经验，也都具备丰富的教材编写经验。编者中也有医药企业的专家，实践经验丰富，熟悉企业对人才结构和技能等方面的需求。教材编写具体分工如下：段文海编写第一章和第三章，刘敏雅编写第二章，张蓉编写第四章，袁蒙编写第五章，鲍娜编写第六章和第七章，王韵、孙晓编写第八章，陈宪编写第九章，王玉静编写第十章，郭文博编写第十一章，姜艳平编写第十二章。全书的框架与结构策划由段文海完成，统稿工作由段文海和孙晓共同完成。

由于编者水平所限，书中疏漏之处在所难免，真诚希望各院校同行们对我们的教材多提宝贵意见，以促进我们努力将教材编写工作进一步完善。

编　者
2021年6月

目录
CONTENTS

基础篇

医药电子商务概述

第一章　认识医药电子商务

PPT

学习引导

随着互联网的普及，电子商务以其方便快捷、成本低廉、不受时间及空间限制和可选择商品众多等特点，逐渐成为主流商业模式之一，网购已成为越来越多消费者的日常选择。近年来，医药电子商务借着电子商务发展的浪潮迅速崛起，网上药店也逐渐被广大消费者所熟悉和接受，成为了实体药店的有益补充和竞争对手。那么电子商务的主要模式有哪些？医药电子商务未来的发展趋势又如何呢？

本章主要介绍电子商务的定义、特征和主流模式，医药电商的发展历程、现状和趋势，影响医药电商发展的市场环境因素。

学习目标

1. **掌握**　电子商务的定义、特征及主流模式。
2. **熟悉**　电子商务的优势；影响医药电商发展的市场环境因素。
3. **了解**　医药电商发展历史、现状及未来趋势。

第一节　电子商务基础知识

电子商务是在传统商业模式上发展而来的一种商务形式，是传统产业与信息技术完美结合的产物。基于互联网和客户端/服务端应用方式，买卖双方可以远程实现消费者的网上购物、商户之间的网上交易和在线电子支付以及各种商务活动、交易活动、金融活动和相关的综合服务活动等，电子商务近些年已逐渐成为商业主流模式之一。

一、定义及特征

（一）定义

不同国家电子商务的开展程度和方式各不相同，目前在国际上尚未形成统一的定义，但本质上各国对电子商务的定义相差不大。

一般来说，电子商务是指以信息网络技术为手段，以商品交换为中心的商务活动；也可理解为借助互联网以电子交易方式进行交易活动和相关服务的活动，是传统商业活动各环节的电子化、网络化、信息化。广义上来说，以互联网为媒介的商业行为均可归属于电子商务的范畴。

（二）特征

电子商务与传统商业模式相比，具有以下特征。

1. 突破空间和时间限制 在电子商务环境中，人们可以突破空间限制，让世界各地的客户足不出户即可完成过去较为繁杂的商业活动，同时也可以 24 小时满足人们的交易需求，极大地节省了时间成本。

2. 安全保障措施不同 电子商务活动中，可使用多种技术手段和方式确保交易的安全性，如加密机制、签名机制、安全管理、存取控制、防火墙、防病毒保护等，这与传统的商务活动有很大的不同。

3. 虚拟性活动 电子商务交易双方无论是交易磋商、确定订单还是支付款项，都是借助互联网在虚拟环境下完成的，交易双方无需真实见面，整个过程完全虚拟化。

二、优势及问题分析

（一）优势

借助互联网信息技术手段，与传统商务活动相比，电子商务在多个方面具有明显的优势。

1. 降低企业成本 借助电子商务手段，企业可以在更广阔的区域甚至是全球市场寻找供应商，可以有效降低采购成本；借助高效的信息处理技术，可以大幅度提升企业与客户之间、企业内部各部门之间的沟通效率，企业甚至可以根据市场的实际需要实时调整与组织生产，有效降低了生产成本和库存成本；由于电子商务是虚拟性交易，交易双方无需见面，因此很多企业的办公场地可以大大缩减，节省下大量的房租、水电等办公成本。

2. 方便快捷，不受时空限制 随着互联网、电脑、智能手机、平板电脑等电子设备的普及，电子商务模式已经被越来越多的企业和消费者所接受，尤其是对于零售业来说，绝大多数商品都可以让消费者足不出户动动手指就可以完成交易。同时电子商务企业不受实体店铺营业时间的限制，可以 24 小时在线接受订单，极大地方便了消费者。

3. 便利的支付方式 随着信息技术的日益进步，CA 认证技术、征信体系逐步完善，网上支付变得更加安全、快捷，电子货币开始逐渐成为我国消费者支付的主要形式。通过扫描二维码或终端支付设备，消费者可以在短短几秒钟之内就完成支付。

4. 提升企业竞争力 电子商务模式下，企业和消费者的各种商业行为都可以用数据进行记录和描述。数据库在后台记录用户的相关数据，根据一定的分析软件和相应算法，找到用户的消费规律，得到隐藏在大数据后的价值规律，进而指导企业进行精准营销，帮助电子商务企业提高企业竞争力，在未来的激烈竞争中拔得头筹。

知识链接

电子货币

电子货币（electronic money）是指用一定金额的现金或存款从发行者处兑换并获得代表相同金额的数据或者通过银行及第三方推出的快捷支付服务，通过使用某些电子化途径将银行中的余额转移，从而能够进行交易。电子货币是电子商务实现快捷支付必不可少的手段，一般是通过媒介（二维码或硬件设备）以电子形式使用。

（二）存在的问题

电子商务作为近些年来兴起的一种商业模式，在发展过程中不可避免地存在各种各样的问题和挑战。

1. 安全性问题 电子商务活动涉及多方面的安全问题，如商品质量安全、信息安全、支付安全等。①商品安全：除了假冒伪劣商品在很多电商平台屡禁不绝之外，还有些与消费者健康息息相关的产品，比如食品、药品等，其质量是否符合相关标准对于消费者来说至关重要。与传统商业模式相比，目前我国对电子商务平台的监管力度和严厉程度尚有待进一步的完善，这也导致部分消费者对电子商务模式持有怀疑甚至否定的态度。②信息安全：主要涉及消费者个人隐私的保护问题，这方面的立法监管还比较薄弱，亟待进一步提高。③支付安全：我国现在虽然有一系列的安全支付保障技术手段，如防火墙、加密技术、数字签名、身份认证等，但针对电子商务活动的诈骗活动仍处于高发状态。

2. 电子商务对实体经济的影响 随着电子商务的不断发展，越来越多的消费者逐渐习惯了在电子商务平台中选购自己需要的商品，也逐渐发展为电子商务平台的粉丝和忠实用户，这让实体经济的顾客数量急剧降低。同时电商的低成本优势也对传统实体企业造成了极大的冲击。短期内从国家整体经济发展来看，电子商务和实体经济的激烈竞争导致了较大的行业动荡。

实例分析 1－1

实例 近年来，针对消费者电子商务行为的诈骗活动屡屡发生，比如骗子自称电商、物流平台的工作人员，通过说出被害人的网购信息或物流信息，给被害人展示伪造的后台系统截图、商品照片、工位截图等来获取被害人的信任，然后以退款或优惠等理由诱使消费者点击木马链接或骗取验证码，骗取消费者的账号、密码后将资金转走。

问题 遇到类似的电子商务诈骗时应该如何处理？怎么样提升自己的辨别能力，远离诈骗危害？

答案解析

三、主流模式

目前，电子商务主流模式可进行如下分类。

（一）按参与主体分类

1. 企业对企业电子商务（business to business，B2B）模式 B2B 模式指企业与企业之间的交易，它是制造企业、商业企业、中介机构等通过网络结成相互的业务联系，通过互联网进行产品、服务及信息的交换。

B2B 模式为各企业搭建了良好的交流平台，其特点是实现信息互通，减少沟通成本和流通领域的中间环节，降低流通费用，使产品的流通过程透明化、规范化。

2. 企业对顾客电子商务（business to consumer，B2C）模式 B2C 模式指企业为个人消费者提供商品或服务，随着互联网和电脑、智能手机的普及，B2C 模式可以使企业增进与顾客的交流，为顾客提供更多选择，提供更具个性化的服务，这些是传统经营方式无法实现的。

3. 顾客对顾客电子商务（consumer to consumer，C2C）模式 C2C 是指个人消费者之间借助互联网技术进行交易的模式，类似于虚拟网络版的跳蚤市场。

4. 线上到线下电子商务（online to offline，O2O）模式　O2O 是指将线下的商务机会与互联网结合，让互联网成为线下交易的前台。一般来说，只要产业链中既可涉及到线上，又可涉及到线下，就可通称为 O2O。

（二）按交易内容分类

1. 有形产品交易模式　通过互联网提供实体产品交易服务的电子商务活动，生活日用品、服装、电子产品等都属于典型的有形产品交易。

2. 无形产品或服务交易模式　通过互联网向网上用户提供无形产品或服务的电子商务活动。电子书、游戏账号及装备、网店装修图片、付费知识问答等都属于无形产品或服务交易。

实例分析 1－2

实例　目前市场上有很多电子商务交易平台，比如：阿里巴巴、京东、天猫、淘宝、拼多多、闲鱼、美团、亚马逊、苏宁易购、当当网、速卖通、慧聪网等。

问题　这些电子商务交易平台的交易模式是否相同？可以分为几类？

答案解析

第二节　医药电子商务

一、基本概念

医药电子商务是电子商务模式在医药行业的具体应用。由于医药行业的特殊性，医药电子商务既有着电子商务的普遍性特点，同时也有着自己的独特性。

医药电子商务的主体包括药品生产企业、药品流通企业（包括批发和零售）、医疗机构、第三方网络平台、仓储配送企业及金融机构等，政府部门虽然不直接参与医药电子商务活动，但其制定的各项政策、法律法规对医药电商的发展有着极大的影响。

医药电子商务主要依靠网络信息技术进行与医药产品或服务相关的商务活动。狭义上，其交易对象主要是医药产品或服务（如药品，医疗器械，疾病的咨询、诊断与治疗等）；广义上，凡是通过互联网应用平台进行的大健康类产品或服务的商务活动都可以纳入医药电子商务的范畴（如保健食品、婴幼儿用品、化妆品、养生保健指导服务等）。

医药电子商务对于提高药品流通效率，降低药品流通成本，规范我国药品生产、流通、销售行为都有着重要的意义。

二、我国医药电商的发展历程

1997 年是我国电子商务的元年，这一年中国化工网正式上线，这也是我国第一家电子商务网站，此后，电商网站如雨后春笋般进入大众的视野中。1998 年，上海第一医药开设网上商城，这被认为是国内第一家“医药电商”。此后，医药电商在我国逐步发展，经历了萌芽期、探索期和高速发展期三个阶段。2019 年 1 月 1 日起施行的《中华人民共和国电子商务法》更是为医药电商未来的发展指明了方向。

知识链接

中华人民共和国电子商务法

《中华人民共和国电子商务法》是为了保障电子商务各方主体的合法权益，规范电子商务行为，维护市场秩序，促进电子商务持续健康发展而制定的法律，由中华人民共和国第十三届全国人民代表大会常务委员会第五次会议于2018年8月31日通过，自2019年1月1日起施行。其主要包括了对电子商务经营者的要求、电子商务合同的订立与履行、电子商务争议解决、电子商务促进等方面的内容。

（一）医药电子商务发展的萌芽期

我国医药电子商务从发展至今已20多年。早在1996年，医药企业便开始通过互联网业务进行对本公司药品的宣传，之后随着市场需要的发展，大型医药信息网开始出现，而这些企业也仅仅是为医药企业和医疗机构提供一些行业信息、产品广告等信息服务。到1998年，随着信息管理软件的升级，医药电子商务得到了进一步的发展，很多医药网已不满足于单纯的信息收集与发布，而是利用信息管理软件提供相关的信息检索和分析、深层数据挖掘、市场研究和预测、战略制定等一系列专业化信息服务，帮助医药企业优化流程、规范管理、提高管理能力，我国的医药电子商务从提供简单的医药信息服务提高到了业务管理的高度，赋予了B2B模式新的功能。这一时期属于医药电子商务发展的萌芽期，当时的代表企业有SAP、甲骨文、IBM、浪潮、用友等。

（二）医药电子商务发展的探索期

1999年，政府开始介入医药电子商务的发展，我国医药电子商务的发展又进入了一个新的时期。政府制定了医药电子商务的发展制度，提倡发展政府对企业电子商务（G2B）的网上药品采购招标模式。该模式由政府主导建立，为医疗机构与企业之间的网上交易创建平台，这一医药电子商务模式的建立加强了政府对医疗机构与医药企业间交易的监管力度。而这一模式在原基础上不断地发展和创新，目前已形成了多种相似的药品交易模式，比如四川“挂网限价”模式、广东的“阳光采购”模式均是在此基础上发展而来。再后来，民间企业也开始从事代理招标服务，它们以第三方的身份，建立集中的医药招标采购平台，撮合医药企业、医疗机构等进行在线药品交易。由于相关政策的放开，大量民间企业介入，为了加强此类电子商务的管理，2001年初，国家药品监督管理局发布《互联网药品信息服务管理暂行规定》。截止2007年7月31日，仅有五家医药电子商务平台获得了国家批准。

知识链接

广东省药品阳光采购

2006年10月，广东省卫生部门正式启动实施《广东省医疗机构药品网上限价竞价阳光采购实施方案（试行）》，共有3600多家药厂的4.3万多个药品品规进行了网上报名。

药品“网上限价竞价阳光采购”主要是指药品供应商通过网上采购信息平台，在低于或等于医药采购服务机构按方案规则制定的限价范围内进行报价，高价者按规定逐次淘汰，低价者按价格由低至高排列，按比例确定入围药品品种，再由生产企业通过信息平台与医院签订供货合同，由经销商进行配送的活动。

广东省药品阳光采购始终坚持“公开、公平、公正”“质量优先，价格合理”和“管理创新、技术创新、服务创新”的原则，为广大药品厂商所认可，并成为全国各省药品招标当中具有鲜明特色和借鉴性的模式之一。

为了整合我国医药市场的流通秩序、降低医药流通的成本、真正做到为患者服务，国家一直积极推广发展我国的医药电子商务。国家六部委在2004年10月联合下发的《关于进一步规范医疗机构药品集中招标采购的若干规定》中明确指出：积极发展医药电子商务、物流配送等现代流通方式。原国家食品药品监督管理局在2005年9月29日颁布的《互联网药品交易服务审批暂行规定》中指出：从事互联网药品交易的企业均需具备《互联网药品信息服务资格证书》。此规定的出台，意味着政府对从事B2B医药电子商务的企业进行了双重约束，但也标志着政府部门对医药电子商务发展的再次放开。将管理重心从"资格审批"转移到了监管上。除此之外，同年出台的《中华人民共和国电子签名法》和《国务院办公厅关于加快电子商务发展的若干意见》为我国医药企业充分利用信息技术发展的成果、拓展现有市场、增强医药企业自身的国际竞争力提供了重要机遇，因此也进一步推动了我国医药电子商务的发展。

此发展阶段政府监管部门先后出台的文件和规定中用到了"药品电子商务""经营性网站""互联网药品信息"等多个名词，反映了我国在利用互联网技术推进医药事业发展的道路上遇到了很多困惑，但依然积极地探索医药电子商务的发展。

（三）医药电子商务的快速发展期

从2005年开始，随着我国对医药电子商务发展政策的逐步放开，以B2C模式为基础的、通过互联网直接向消费者销售非处方药（OTC）的"网上药店"如雨后春笋般不断出现。从京卫大药房作为第一家正式获得互联网药品交易服务资格证书的网上药店开始，网上药店的数量逐年急剧增长，尤其从2010年开始，在短短的5年之间就增加了10倍，到2016年全国获得资格认证的网上药店就达到了448家。随着网上药店数量的不断增多，网上药店之间的竞争也越来越激烈，为了争取更多的生存空间，很多网上药店除了进行网上药品买卖，还提供免费用药咨询服务、线上专家问诊服务等业务，从而增加消费者的满意度以及消费者对网上药店的依赖性。

即学即练 1－1

答案解析

医药电子商务发展的萌芽期有哪些代表企业？（　）

A. SAP　　B. 甲骨文　　C. IBM　　D. 浪潮　　E. 用友

三、医药电商发展现状

（一）医药电子商务的需求不断增加

我国国内生产总值（GDP）总量现在已经跃居全球第二，人们生活水平显著提升，良好的经济发展形势也为医药电子商务发展模式创造了有利的发展条件。

尽管目前我国医药电子商务的应用依然较为分散，发展水平相对较低，且涉足电子商务的医药企业规模相对较小，但由于国家相关政策的支持，我国医药电子商务呈现出较好的发展势头，交易规模也在不断扩大。例如，海虹医药企业在2003年的总采购量达到66.78亿元人民币，药品网上交易的规模达到了30亿元人民币，接近总交易额的50%。医疗器械交易过程中，2004年利用电子商务模式交易的规模达到了80亿元人民币。随着电子商务模式的快速发展，交易额不断提升，2016年底，网上医药交易额突破500亿元大关。随着我国医药企业的快速发展，医药企业与互联网结合的发展模式得到了快速进步。据数据调查显示，北京市有1/6的患者选择利用互联网买药，深圳约有40%的患者利用网上购药的方式。医药电子商务发展模式的参与人数不断增加，为医药电子商务发展创造了良好的经济条件。

（二）医药电子商务平台逐渐兴起

2010年以前，电子商务平台主要停留于PC端，以B2B电子商务模式为主。近些年随着物联网、移动互联网的快速发展以及国家政策的宽松化，医药电商B2C模式快速发展，医药电商平台逐渐发展为公立医院、实体零售药店、社区卫生服务中心之外的第四终端。尤其是自2020年以来，各大医药电商平台日活跃人数明显增多，成为消费者抢购防护用品（如口罩、消毒液、手套）、酒精、预防感冒药物及抗病毒药物的重要途径。

目前规模较大的医药电商平台中，既有医药企业自建的网上商城（如康爱多、好药师、1药网、健客网等），又有第三方平台（如京东、天猫等）。这些医药电商平台借着电子商务发展的东风，吸引了大量消费者的关注，有力地推进了医药零售业的发展。

（三）医药电子商务政策逐渐明朗

为了更好地满足医药电商发展需要，国家发布了相关规定，打击不法分子，从而净化医药电商环境。一系列政策文件的出台为医药电子商务的发展提供了便利。2000年，国家药品监督管理局发布《处方药与非处方药流通管理暂行规定》，标志着我国医药电子商务的起步。紧接着，2002年颁布的《互联网药品信息服务管理暂行规定》、2004年颁布的《中华人民共和国电子签名法》、2005年颁布的《互联网药品交易服务审批暂行规定》、2014年发布的《互联网食品药品经营监督管理办法（征求意见稿）》，为医药电子商务成长营造了一个良好的政策环境。2017年，《国务院关于取消一批行政许可事项的决定》（国发〔2017〕46号）出台，取消互联网药品交易服务A证审批。2020年11月公开征求《药品网络销售监督管理办法（征求意见稿）》。短短十几年里，国家在医药电商领域发展中给予了足够的关注和支持，并出台了详细的法律法规，予以规范的同时，鼓励医药电商能够更好地发展，为社会发展提供更多支持。

（四）医药电子商务的物流配套系统持续改进

自2006年起，我国医药电子商务以B2C的方式为主。在发展过程中，网上药店配送时，主要采取了第三方物流的配送方式。第三方物流配送方式的应用得益于物流企业快捷的物流服务，能够将药品尽快地送到用户手中。第三方物流在我国得到了迅猛发展，尤其在电商发展的大环境下，第三方物流很好地满足了药品配送需要。但是医药企业利用第三方物流进行药品配送过程中，也存在一定的问题。当一些药品有着特殊要求时，第三方物流很难满足药品配送需要，导致药品在运输过程中存在着损坏、药品失效的问题。尤其是在药品存储过程中，由于缺乏专业化水平，对药品的损害较大。

随着医药电子商务模式的快速发展，物流也得到了相应的改进。在进行药品配送过程中，利用存储药品的箱子或是恒温箱对特殊药品进行保管。一些医药企业注重对自身的物流部门进行分离，使其成为专业化的第三方医药物流企业，这为医药运输创造了有利条件。

即学即练 1-2

答案解析

我国颁布的哪项政策法规提出取消互联网交易服务资格 A 证审核？（ ）

A.《国务院关于第三批取消中央指定地方实施行政许可事项的决定》

B.《网络药品经营监督管理办法（征求意见稿）》

C.《国务院关于取消一批行政许可事项的决定》

D.《关于加强互联网药品销售管理的通知》

E.《互联网药品交易服务审批暂行规定》

四、我国医药电商未来趋势分析

随着社会环境、经济环境、政策环境的优化以及医药电子商务物流环境的不断完善，消费者购物环境更加规范，我国医药电子商务获得快速发展，相应地，医药企业原有的采购方式、营销方式、销售服务方式也发生了改变，给企业带来较大的经济效益，也给消费者带来了较大的便利。

我国医药电子商务发展经历了 B2B 模式、B2C 模式，正在朝着 O2O 模式发展迈进。为了更好地适应形势发展需要，医药电子商务模式在发展过程中，要注重立足于当下实际发展情况，注重实现资源整合，使其能够与电子商务平台紧密结合，大力发展 O2O 模式、B2C 模式，并实现 O2O 模式与 B2B 模式的结合，提升服务质量和效率。

随着消费者购物行为习惯的改变和医药电商平台药品品种的不断丰富，尤其是政府政策支持力度不断加大，如医保支付接入线上渠道、处方药网售可能放开等，使医药电商未来可能迎来井喷式发展。

随着“健康中国”战略的持续推进，以医药电商为代表的“互联网 + 医疗健康”模式正在成为新的趋势。自 2020 年以来，越来越多的消费者（尤其是慢性病患者）逐渐开始接受远程医疗服务，越来越多的大型医药电商企业也开始布局互联网医疗，通过与医疗机构的紧密合作，持续提升慢性病全生命周期管理能力，实现保健、检测、诊断、治疗、用药和康复全场景覆盖，而不仅仅是药品零售服务。

2018 年 4 月 12 日，国务院常务会议明确对进口抗癌药实施零关税并鼓励创新药进口，跨境电商成为此举的关键之一。“海外药绿色通道”等制度创新促进解决用药难的问题。2019 年 12 月，北京“跨境医药电商试点”正式获批，多家拥有跨境电商资质的大型企业申请试点，为癌症患者架起“线上通道”。以此为契机，医药电商企业未来极有可能扬帆出海，既可以引进国外的优质药品提供给国内消费者，又可以借此机会熟悉海外市场，为以后走出国门奠定基础。

医药电商 O2O 模式将得到进一步发展。医药电商 O2O 模式通过搭建医药互联网电商平台，提供线上寻医问药服务，同时搭建线下药品配送渠道，实现线上下单、线下取药。随着越来越多的药品零售连锁企业引入医药电子商务，由互联网企业搭建平台，联合医生和实体药店共同为消费者提供服务的 O2O 模式迅猛发展，其延伸了医疗机构的服务半径，扩大了服务范围，将极大提高患者购买药品的便利性。

新媒体运营在未来几年可能是医药电子商务新的利润增长点。新媒体如微信公众号、直播平台、短视频平台等近几年来得到了年轻消费者群体的广泛关注和追捧。2020 年以电商直播为代表的直播经济进入千家万户，成为各行各业商业发展的核心动能，为企业创造了新的发展机遇。对于医药电商企业来说，虽然药品受限于法律法规的规定，无法采用直播方式销售，但大健康类产品（如食品、化妆品、婴幼儿用品、养生保健用品等）还是可以借助这些渠道扩大市场，以获得更多的销售额和利润。很多医药电商企业也已开始尝试采用直播的方式对企业产品进行宣传和促销，取得了很好的成绩。

实践实训

实训一　主流电商平台运营模式分析

【能力目标】

能够结合课本知识对各主流电商平台运营模式进行分析。

【任务描述】

每个电商主流模式选取一个代表性电商平台，分析其所采取的电商模式、服务特色及各自的优劣势等。

【任务实施】

步骤 1　选取代表性电商平台

各组通过小组共同讨论，选取 B2B、B2C、C2C、O2O 代表性电商平台进行分析，选取医药电商平台的小组加分。

步骤 2　电商平台运营模式分析

各组针对所选取的电商平台就其电商模式、服务特色、各自的优劣势等进行分析，并撰写分析报告和汇报 PPT。

步骤 3　汇报展示

各组选派代表上台将分析结果进行汇报展示，说明分析的过程和结果得出的依据。

答案解析

目标检测

一、选择题

（一）最佳选择题

1. B2C 模式是指什么模式？（　）

A. 企业对企业　　B. 企业对顾客　　C. 政府对顾客

D. 企业对政府　　E. 线上到线下

2. 医药电子商务的参与主体不包含（　）

A. 医疗机构　　B. 医药批发企业　　C. 医药零售企业

D. 医药生产企业　　E. 医药监管部门

（二）多项选择题

1. 按网站的功能性来分，电商模式可分为以下哪些类型？（　）

A. 以药品集中招标采购为切入点的医药电子商务网站

B. 以药品供求关系为主的医药电子商务网站

C. 发布药品技术转让以及研发信息的电子商务网站

D. 发布医疗器械、医药耗材等信息的电子商务网站

E. 制药机械、科研小设备的医药电子商务网站

2. 医药电子商务交易平台具备以下哪些优势？（　）

A. 提升效率，降低成本

B. 信息及时共享，企业协调并行生产

C. 可实现 24 小时、全国甚至全球运转

D. 经营活动必须具有一定的物资基础

E. 应对市场需求、需保证一定库存

二、判断题

1. 医药电子商务是指各参与主体凭借计算机和网络技术（主要是互联网）等现代信息技术，只进行医药产品交换的行为。（　）

2. 医药电商与传统电商的区别主要体现在政策、商品、客服和支付四个方面。（　）

书网融合……

知识回顾　　习题

第二章　医药电商模式及重点岗位

PPT

学习引导

21 世纪，人类社会正式进入信息、网络时代，电子商务建立在互联网技术基础之上突破了传统商务时空，显著迅速发展，医药行业也随之发展，交易量逐年增加，取得了非常可观的效益。那么医药电子商务的主要模式有哪些？电商企业的重点岗位有哪些，分别有哪些工作要求呢？

本章主要介绍医药电子商务的主要模式，电商企业的重点岗位，重点岗位的工作要求以及工作流程。

学习目标

1. **掌握**　医药电子商务 B2B 模式和 B2C 模式；电商企业重点岗位的工作流程。
2. **熟悉**　医药电子商务交易模式分类；电商企业重点岗位设置。
3. **了解**　医药电子商务 O2O 模式；电商企业重点岗位工作要求。

第一节　医药电商模式

医药电子商务与普通电子商务相比，既有相似之处，又有其独有的特点。医药电商模式可按以下方式分类。

一、按参与主体分类

（一）企业对企业电子商务模式

企业对企业电子商务（business to business，B2B）模式是企业和企业之间开展的电子商务活动，具体是指政府、医药生产企业、医药流通企业、医疗机构、医药信息提供商、银行以及保险公司等通过网络结成相互的业务联系，通过互联网进行产品、服务及信息的交换。

我国医药电子商务目前开展的 B2B 模式可以分为三种类型：①以政府为主导的 B2B 采购平台：主要是服务于政府药品集中招标采购等，不以盈利为目的，例如广东省第三方药品电子交易平台、江西省医药采购服务平台、海南省医药集中采购平台等；②以企业自身为中心主导的 B2B 模式：是具有药品经营资质的企业利用自身的医药产品资源，通过本公司网站与其他医药企业进行互联网药品交易，该模式的代表企业有九州通医药网、华源医药网、珍诚医药在线等，属于一对多的交易服务模式；③第三方电子交易市场的模式：第三方药品电子市场是聚集大量买方和卖方、以互联网方式进行药品交易活动的电子交易场所，第三方电子商务运营商不参与药品的交易活动，仅为所有药品的买方或卖方提供交易服务，属于多对多的交易服务模式。以海虹医药网为例，其建立的医药电子商务平台集中、全面地收集医药行业信息并进行加工处理，提供灵活多样的交易方式，可以集中，也可以联合或者分散；可以招标，也可以竞价、询价或者直接采购，较好地满足了客户的个性化需求。

B2B模式为我国医药生产企业、批发企业与医疗机构搭建了良好的交流平台，其特点是实现信息互通，减少沟通成本和减少流通领域的中间环节，降低流通费用，使医药产品的流通过程透明化、规范化。

（二）企业对顾客电子商务模式

企业对顾客电子商务（business to consumer，B2C）模式是网上药店与个人消费者之间开展的电子商务活动，与普通电商的B2C模式基本相同。医药电商的B2C模式可以分为两种：①依赖于天猫、京东等大型电商平台，借助其出色的“引流”能力，在其平台上开设本企业的网络旗舰店；②自建平台，完全依靠自身的运营与推广能力为消费者提供电商服务，如康爱多、好药师、1药房、健客网等。

B2C模式相对于B2B模式而言，其交易范围得到了一定程度的扩大，参与的用户由原来的医药采购方拓展到了消费者。B2C模式可以使企业增进与顾客的交流，为顾客提供更多选择，提供更具个性化的服务。

（三）线上到线下电子商务模式

线上到线下电子商务（online to offline，O2O）模式是指将线下商务机会与互联网相结合，通过电子商务平台，将消费者、实体店以及网上商城三者紧密结合，实现搜索、下单、体验、共享的可逆消费闭环。对于医药电商企业来说，O2O能够融合传统线下医疗机构（提供服务）及线上医药电商网站（提供产品）的双方优势，成为医药电商和服务中重要的环节，在整体医药流通领域起到了重要的补充作用。例如线下的药店如果遇到没有的药品，可以在O2O平台上下单，然后由平台送到患者手里；或者由患者线上下单，到线下的药店取药。

目前O2O主要有两种运营模式：①自营药店或自建独立的配送体系，这种模式可以实现标准化管理，从而保证服务质量，使用户获得较好的购药体验，但也面临运营成本较高的问题，代表企业有快方送药、送药360等；②采用与药店合作的方式，用户下单后由药店人员进行配送。这种模式运营成本相对较低，并可以快速复制推广至全国，但是配送服务质量很难标准化，管理难度大，用户体验也参差不齐，代表企业有叮当快药、药给力等。

实例分析

实例　广东康爱多公司目前覆盖医药电商、互联网医院、DTP药房、E+药店平台等多条业务线，通过整合医生、药企、患者和药店资源，推动医药新零售业务升级。线上，患者可以通过医药电商平台购药，且有专业药师服务；通过互联网医院进行在线问诊、复诊续方以及疾病知识学习等。线下，患者通过DTP药房便可在医院边购买新特药，也可以通过康爱多线下新零售自营店体验全新的医药新零售服务。

问题　康爱多推动的医药新零售业务升级属于哪种医药电商模式？该公司采取的这种模式有哪些优点？

答案解析

知识链接

医药电商目前存在的问题

医药电商迅猛发展的同时，也暴露出了一系列的问题，有待进一步改进。

（1）法律法规监管程度还不够完善。消费者个人隐私泄漏一直是互联网发展过程中存在的严重问题，而病患隐私更是其中的重灾区。个人隐私保护力度不足会降低消费者对医药电商平台的信任程度，从而减少医药电商平台的用户量和流量。

（2）药学服务人员不足。消费者通过医药电商平台购买药品，多为自主购药，由此带来的药物乱用、滥用的风险较高，需要大量的药师为其提供用药咨询和指导服务。但我国目前执业药师人数还远远跟不上行业的发展需要，不合理用药的情况处于多发状态。

（3）药品配送存在质量安全隐患。由于成本的限制，电商平台多为普通物流参与配送，这导致药品在配送过程中会有较高的质量风险，尤其是需要低温冷藏的药品。

二、按交易内容分类

（一）产品（有形）交易模式

产品（有形）交易模式指通过互联网提供药品（包括医疗器械、直接接触药品的包装材料和容器）交易服务的电子商务。大部分的医药电子商务都是以有形产品交易为主。

（二）信息（无形）服务模式

信息（无形）服务模式指通过互联网向网上用户提供药品（含医疗器械等）信息的服务活动，但不包括特殊药品（麻醉药品、精神药品、医疗用毒性药品、放射性药品）、戒毒药品和医疗机构制剂的产品信息。

（三）产品与服务相结合模式

2020 年 7 月，国家发展改革委等 13 个部门联合发布《关于支持新业态新模式健康发展激活消费市场带动扩大就业的意见》，在“积极发展互联网医疗”条款中明确指出：“以互联网优化就医体验，打造健康消费新生态。支持平台在就医、健康管理、养老养生等领域协同发展。”为此，很多走在行业前列的医药电商企业主动变革，打破单独运营状态，积极与医疗服务系统有效对接，探索将医疗服务、医保服务、医药服务、物流服务相融合的新型医药电商服务模式。比如康爱多就开设了“康爱多互联网医院”微信公众号，提供在线分诊导诊、预约挂号、名医线上问诊、慢病管理、用药指导、药品配送等医疗服务。

三、按网站的功能性分类

（1）以药品集中招标采购为切入点的医药电子商务网站。

（2）以药品供求关系为主的医药电子商务网站。

（3）发布药品技术转让以及研发信息的电子商务网站。

（4）发布医疗器械、医药耗材等信息的电子商务网站。

（5）制药机械、科研小设备的医药电子商务网站。

（6）提供我国民族医药信息的电子商务网站。

答案解析

即学即练 2-1

医药电子商务有哪几种模式？（　）

A. C2C 模式　　B. B2B 模式　　C. B2C 模式　　D. O2O 模式

第二节　医药电商重点岗位

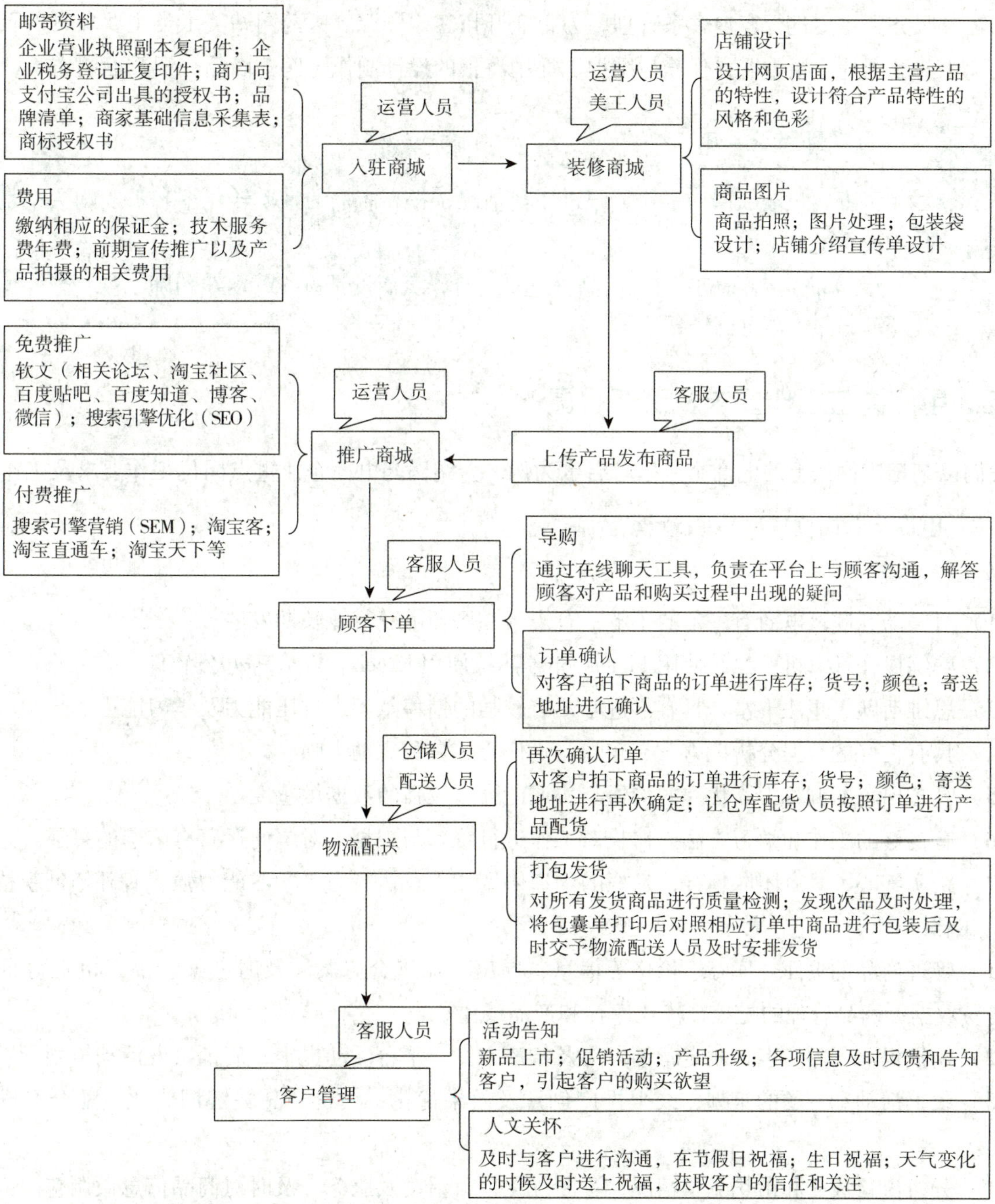

图 2-1　医药电商企业销售流程图

图 2－1 是医药电商企业销售流程图，通过此图我们对医药电商岗位的设置可见一斑。

一、医药电商岗位分类

医药电子商务相关工作岗位主要分为医药网站运营管理、医药网络营销与推广、医药网络策划与编辑、客户服务、医药网站美工等。医药网站运营管理类具体负责整体医药网站的运营、市场推广、广告与增值产品的经营工作。网络营销与推广类通过网络营销手段，负责将医药相关产品营销给网络客户。要求熟悉网络营销常用方法，具有电子商务全程运营管理的经验，实现网站的战略目标、流量提升与盈利。网络策划与编辑类的具体职责有熟悉医药电子商务运营与操作流程，负责医药网站栏目策划、运营管理。客户服务类主要进行客户关系管理，为企业开拓客户资源。医药网站美工类主要负责网页的设计制作及优化药品图片、摄影器材保养与维护、促销海报的设计制作、医药商品介绍页面制作等。

答案解析

即学即练 2－2

负责客户电话回访工作，跟进用药情况，提高店铺的询单转化率和重复购买率是哪个岗位的职责？（　）

A. 电商运营岗位　B. 商品管理员　C. 页面设计　D. 在线药师　E. 售后客服

二、重点岗位工作要求及工作职责

我们以某招聘网站上的电商企业招聘启事为例，介绍医药电商企业重点岗位工作要求及工作职责。

（一）电商运营岗位

1. 工作要求

（1）对医药互联网电商有一定的了解，有志于在医药电商行业长期发展。

（2）熟练操作计算机，熟练使用 Photoshop，熟练使用 Excel、Word 等办公软件。

（3）思维活跃、想法丰富，具有上进心，有较强的销售意识、抗压能力及学习能力。

（4）具有良好的数据分析能力，有较强的责任心，自我驱动力强。

（5）具备出色的洞察力、优秀的沟通与协调能力，较强的数据敏感度。

（6）有良好的工作和学习方法，擅长对工作进行统筹与规划，对电商运营有浓厚的兴趣。

（7）踏实细心，具有团队精神，良好的沟通协调能力及执行力，学习能力强，有开拓创新精神。

2. 工作职责

（1）管理商品的页面、库存、价格等信息，提出产品组合方案，及时上架新品，负责每日营销数据和交易数据，商品管理的把控，优化库存和产品线。

（2）挖掘提炼产品卖点，制定营销方案及推广方案，平台活动提报，店铺自发活动策划。

（3）线上活动和专题的策划，线上推广创意及效果优化；负责产品关键词优化，配合完成搜索流量优化。

（4）分析流量成交和市场竞争情况，不断优化项目活动及服务，及时对商品信息做调整。

（5）定期对各店铺实际经营情况进行分析，不断地调整优化营销策略并完成销售指标。

（6）对竞争对手的品类、价位等数据进行研究，提出合理应对措施，做出可行性分析报告。

（7）对所负责的平台或商品类目的销售额以及毛利率负责。

（二）商品管理员

1. 工作要求

（1）中药学、药学、药剂学、药品管理等相关专业优先。

（2）熟练操作计算机，熟练使用 Excel、Word 等办公软件。

（3）工作态度积极主动，对已有的标准能坚持执行，遇到问题积极反馈。

（4）商品规划能力强，具备较强的统筹能力、沟通表达能力、逻辑思维能力。

（5）较强的梳理分析能力，思维清晰，团队合作精神佳。

（6）掌握处理数据的技巧，对数据有一定敏感度。

2. 工作职责

（1）主要负责公司商品状态、库存状态管理、商品价格管理、赠品管理、商品信息维护、订阅商品等。

（2）根据商品属性做产品引入分类，核对、维护商品信息，对错误信息进行修改，对供应商的商品进行审核，建立商品资料库。

（3）对商品各环节存在异常库存进行监控，降低公司风险。

（4）上级领导交代的其他工作。

（三）页面设计

1. 工作要求

（1）熟练运用设计软件，如 Photoshop、AI、C4D 等。

（2）热爱设计，能够把握不同风格设计，具备创意设计能力、优秀的审美能力和整体布局能力，色彩感好，能清楚地表达设计理念。

（3）具备良好的团队合作精神、责任心强，工作主动性强，有较好的学习能力和抗压能力。

（4）讲求时效，有强烈的责任感，做事认真细心，注重细节。

（5）具备较强的执行力和独立思考能力。

2. 工作职责

（1）负责公司各平台店面整体形象设计、网店风格及商品展示设计，首页广告图片制作及美化、整体布局、活动广告和相关图片的制作。

（2）负责公司网站网页的设计、页面的美化、各种活动及专题页面的制作。

（3）负责对新产品进行排版、优化店内宝贝描述、美化产品图片。

（4）负责定期更新促销图片和页面、配合店铺销售活动、优化修改产品页面及定期更新店铺主页。

（四）新媒体运营

1. 工作要求

（1）具备较强的文字功底，较强的市场分析、营销策划能力，能够独立写作优质科普文章。

（2）对微信、微博、抖音、快手等社交媒体深度热爱，对热点内容敏感，能够实时关注热点话题，根据话题创作内容。

（3）可独立撰写短视频文案，洞察力强，能够准确捕捉热门视频亮点。

（4）能够和粉丝有比较好的互动，及时回复粉丝提问等信息。

（5）对于账号运营及增粉有好的运营方案。

（6）工作积极主动，认真细致，有责任心及耐心。

（7）责任心强，工作效率高，团队合作意识强，有较强的执行力、良好的沟通能力以及理解能力。

2. 工作职责

（1）挖掘常见健康话题以及热门话题，收集、研究网络热点话题。

（2）负责各渠道新媒体的资讯更新，对所负责新媒体平台（如公众号、视频号、抖音等）内容的实时调整和更新。

（3）协助管理运营账号，维护粉丝群体，负责新媒体运营（包括用户运营）。

（4）对文章推荐量阅读量负责。

（5）定期监控各新媒体平台的运营数据，优化提高新媒体内容质量，完成提高阅读量、增加关注量等任务。

（五）在线药师

1. 工作要求

（1）中药学、药学、药剂学、药品管理等相关专业优先。

（2）熟练操作计算机，熟练使用 Excel、Word 等办公软件，打字速度快。

（3）头脑清晰，思维敏捷，待人热情，善于交流，工作耐心细致。

（4）具备一定的洞察能力，学习能力强，有良好的沟通能力和应变能力。

（5）有较强的责任心，热爱客户服务工作，具有良好的服务意识与服务心态。

（6）有良好的心理承受能力和情绪控制能力，发现和解决问题的能力。

（7）愿意接受挑战，致力于为病患提供专业用药服务。

2. 工作职责

（1）负责公司各业务平台、移动端（如官网、天猫、京东、拼多多等）商品客户咨询工作；通过在线聊天工具与买家联系，促成订单交易。

（2）掌握产品相关信息及使用方法，根据客户的实际情况，提供合理的用药建议和指导，解答客户疑问，维护客户关系。

（3）及时准确地跟进订单，接受顾客咨询，回复顾客留言，保证平台的正常运作。

（4）负责客户电话回访工作，跟进用药情况，提高店铺的询单转化率和重复购买率。

（5）不定期维护客户资源，及时了解客户需求，引导二次或多次消费。

（6）根据部门阶段性活动方案，配合进行活动宣传与支持。

（7）收集顾客信息和顾客意见，对公司形象提升提出参考意见。

（8）按项目慢病管理服务标准记录用户健康档案，并进行健康随访，提供专业服务。

（六）售后客服

1. 工作要求

（1）中药学、药学、药剂学、药品管理等相关专业优先。

（2）熟练操作计算机，熟练使用 Excel、Word 等办公软件，打字速度快。

（3）有同理心、乐观、积极、逻辑思路清楚，具备良好的沟通能力和表达技巧。

（4）具备良好的抗压能力和自我调节能力，有良好的团队合作精神。

（5）有良好的协调能力、学习能力、认真负责、勇于进取。

（6）品行端正、有良好的服务意识、拥有清晰的人生目标。

（7）有较强的的随机应变能力和语言表达能力。

2. 工作职责

（1）负责处理客户投诉、退换货、退款等客诉问题，回复及沟通和协调工作，确保客户投诉得到有效的处理。

（2）负责问题件追踪到位、避免公司损失。

（3）通过在线聊天工具受理客户申请的业务、客户投诉电话，了解客户的诉求，反馈客户意见，准确记录投诉内容。

（4）跟踪记录客户反馈问题，反馈至相关部门，并跟踪结果，提升客户体验。

（5）整理客户的咨询与投诉处理，总结反馈用户的建议与意见，提出优化解决方案。

（6）遵守公司各项规章制度，严格执行公司售后流程及规范，保证公司利益化，维护公司品牌形象。

（七）物流发货员

1. 工作要求

（1）热爱物流行业并愿意长期深耕物流行业，具有事业心、进取心、责任心，并对生活充满正能量，对工作充满激情，有志成为物流基层管理人才。

（2）乐于接受挑战，善于适应快速变化的环境，具备优秀的抗压能力，较强的吃苦耐劳精神。

（3）沟通协调能力、解决问题能力强，善于团队合作，并能主动学习与创新。

（4）能熟练操作计算机。

2. 工作职责

（1）根据订单，负责公司商品的拣货、复核、打包等物流工作。

（2）整理库房，清点货物，做好库房安全工作等。

（八）质量管理员

1. 工作要求

（1）中药学、药学、药剂学、药品管理等相关专业优先。

（2）具有强烈的责任感，做事细致及有条理性，熟悉文件的分类整理。

（3）工作积极主动负责，具较强的沟通协调能力及执行力。

（4）分析能力强，能服从工作安排，具高度的团队合作精神。

（5）具备良好的电脑办公能力，作风正直诚实，具有良好的职业道德。

（6）热爱质量管理工作，愿意长期从事质量管理工作。

2. 工作职责

（1）负责公司供应商资质审核、系统录入，审批表打印，定期呈相关人员签名，归档管理。

（2）负责新增品种审核（合法性、生产厂家合法性、是否本公司经营范围品种、供货单位销售人员、购货单位采购人员的合法资格）。

（3）负责质量信息的收集和管理，并建立药品质量档案。

（4）对基础资料（供应商、质量档案）进行动态管理，及时更新。

（5）对岗位存在的问题提出改进建议。

（6）收集、分类整理、归档、及时反馈药品质量信息。

（7）负责人员培训、健康档案的记录等等。

实践实训

实训二　医药电子商务企业组织架构设计

【能力目标】

能够按照组织机构设置要求完成医药电子商务企业组织机构设置和人员配备。

【任务描述】

某公司准备成立医药电子商务企业，资金已到位，相关手续已办理，现要做公司成立筹建准备工作，设置企业组织机构和职能。

【任务实施】

步骤 1　企业命名及背景设计

6 ~ 7 人为一组，可自行设计医药电子商务企业背景，如注册资金金额、人员规模、运营模式、主营产品等，同时给企业命名。

步骤 2　人员定岗

根据步骤 1 中确定的企业情况，人员定岗，要求明确各岗位名称和人数。

步骤 3　任职条件确定

明确各岗位任职条件。

步骤 4　画出组织机构图

画出企业组织机构并作为实训成果上交。

目标检测

答案解析

一、选择题

（一）最佳选择题

1. 下列关于医药电子商务模式叙述错误的是（　）
   A. 与普通电子商务模式既有相似性，又有独有的特点
   B. 以政府为主导的 B2B 采购平台属于公益性质
   C. 第三方电子平台也参与了商品交易
   D. 医药电子商务 B2C 模式与普通 B2C 模式基本相同
   E. B2B 模式可以减少流通领域的中间环节，降低流通费用
2. 九州通医药网属于以下哪种医药电子商务模式？（　）
   A. B2B　　B. B2C　　C. C2C
   D. B2G　　E. C2G

（二）多项选择题

1. 以下为 B2B 模式的医药电子商务交易平台是（　）

A. 珍诚医药在线　　B. 1 药网　　C. 健一网

D. 商康医药网　　E. 京东大药房

2. 以下为 B2C 模式的医药电子商务交易平台是（　）

A. 仁和药房网　　B. 1 药网　　C. 健一网

D. 健客网　　E. 叮当医药

3. 按网站的功能性来分，电商模式可分为以下哪些类型（　）

A. 以药品集中招标采购为切入点的医药电子商务网站

B. 以药品供求关系为主的医药电子商务网站

C. 发布药品技术转让以及研发信息的电子商务网站

D. 发布医疗器械、医药耗材等信息的电子商务网站

E. 制药机械、科研小设备的医药电子商务网站

二、判断题

1. 处理客户投诉、退换货、退款等客诉问题属于在线药师的工作职责。（　）

2. 页面设计的岗位职责包括定期更新促销图片和页面、配合店铺销售活动优化修改产品页面及定期更新店铺主页等。（　）

书网融合……

知识回顾　　习题

政策法规篇

医药电商相关政策和法律法规

第三章　医药电商相关政策

PPT

学习引导

医药行业作为与人民生命健康息息相关的特殊行业，受政策的影响极其显著。对于医药电商企业来说，同样也是如此。每一次医药政策的调整都会为行业带来极其深远的影响。与其他行业相比，我国医药电商政策变化比较频繁，但总体来说还是有力促进了医药电子商务的蓬勃发展。

本章主要介绍医药电商探索期和快速发展期间的主要政策，以及这些政策对 B2C、O2O 的影响及其发展趋势。

学习目标

1. **掌握**　探索期和快速发展期间的主要政策。
2. **熟悉**　政策对 B2C 模式发展的影响。
3. **了解**　政策对 O2O 模式发展的影响。

第一节　医药电商政策

长期以来，国内医药电商领域始终处于政策不明晰、立法滞后于现状的事实状态，这导致企业因政策的不确定性而只能试探性前行，在某种程度上拉低了行业的发展速率。与此同时，由于缺少法律法规的背书，医药电商难以与消费者建立起绝对的信任联系，甚至在偶然性负面事件的影响下被责批为“法外之地”。

一、探索期的医药电商政策

（一）禁止网上销售药品

医药电子商务早期，在行业迅猛成长的同时，网上购药市场也是乱象丛生。大部分网站没有任何资质方面的证明就提供药品信息和销售，药品的真假不能得到保证，患者不需要医生开处方就可以直接购药。

在此背景下，国家建立了药品分类管理制度，规定处方药、非处方药不得采用有奖销售、附赠药品或礼品销售等销售方式，暂不允许采用网上销售方式。

（二）符合条件者允许非处方药网上交易

随着互联网的迅速发展，网售非处方药的政策逐渐放开，网上药店开始成为一个潜在市场。大部分连锁药店有意愿开设网上药店。但是，由于当时并没有成形的行业规范，市场中存在大量为了骗钱的“黑户”网站。在此背景上，国家药品监督管理局于 2005 年 9 月 29 日出台了《互联网药品交易服务审批暂行规定》，明确只允许药品零售连锁企业开设网上药店，从事非处方药网上交易。

知识链接

《互联网药品交易服务审批暂行规定》【节选】

第四条 从事互联网药品交易服务的企业必须经过审查验收并取得互联网药品交易服务机构资格证书。互联网药品交易服务机构的验收标准由国家食品药品监督管理局统一制定。互联网药品交易服务机构资格证书由国家食品药品监督管理局统一印制，有效期五年。

第六条 为药品生产企业、药品经营企业和医疗机构之间的互联网药品交易提供服务的企业，应当具备以下条件：……（二）提供互联网药品交易服务的网站已获得从事互联网药品信息服务的资格；……（六）具备网上查询、生成订单、电子合同、网上支付等交易服务功能……

第九条 向个人消费者提供互联网药品交易服务的企业，应当具备以下条件：（一）依法设立的药品连锁零售企业；（二）提供互联网药品交易服务的网站已获得从事互联网药品信息服务的资格；……（七）具有与上网交易的品种相适应的药品配送系统；（八）具有执业药师负责网上实时咨询，并有保存完整咨询内容的设施、设备及相关管理制度；（九）从事医疗器械交易服务，应当配备拥有医疗器械相关专业学历、熟悉医疗器械相关法规的专职专业人员。

第二十一条 向个人消费者提供互联网药品交易服务的企业只能在网上销售本企业经营的非处方药，不得向其他企业或者医疗机构销售药品。

（三）构想放开药品网络销售

2014 年 5 月 28 日，国家药品监督管理局发布《互联网食品药品经营监督管理办法（征求意见稿）》（以下简称《征求意见稿》），首次提出放开处方药在电商渠道的销售，同时允许医药电商选择第三方物流配送。这也是发挥市场决定性作用的政府主导精神的重要体现。

此次《征求意见稿》引来业界热议。中国非处方药物协会秘书长认为：医药电商是不可逆转的大趋势，对于广大消费者获取健康服务提供了便利。原 1 号店旗下 1 药网的一位采购负责人认为，降低转入门槛，许可处方药销售是医药电商中端人士一直期盼的。反对者认为，这将全面降低网上药店准入门槛，取消处方药销售限制的做法不妥当，可能会因无法实施有效监管而造成严重的药品安全问题。业内人士对此提出三点反对理由：网上售药准入门槛和经营范围简单的放开，将严重威胁到百姓用药安全，容易导致假劣药品泛滥；药品储存、运输条件难以符合要求，危及药品内在质量；网上药店远比实体店情况复杂，现有条件下难以对网上药店实施有效监督。

（四）国务院出台相关指导意见

2015 年 5 月 7 日，国务院发布《国务院关于大力发展电子商务加快培育经济新动力的意见》，明确要大力推动医药电子商务的发展，“支持中小零售企业与电子商务平台优势互补，加强服务资源整合，促进线上交易与线下交易融合互动”。这一政策对实体药店来说也意味着重大利好，部分医药电商企业开始积极探索医药 O2O 模式。

知识链接

《国务院关于大力发展电子商务加快培育经济新动力的意见》【节选】

第十二条　推动传统商贸流通企业发展电子商务。鼓励有条件的大型零售企业开办网上商城，积极利用移动互联网、地理位置服务、大数据等信息技术提升流通效率和服务质量。支持中小零售企业与电子商务平台优势互补，加强服务资源整合，促进线上交易与线下交易融合互动。推动各类专业市场建设网上市场，通过线上线下融合，加速向网络化市场转型，研究完善能源、化工、钢铁、林业等行业电子商务平台规范发展的相关措施。制定完善互联网食品药品经营监督管理办法，规范食品、保健食品、药品、化妆品、医疗器械网络经营行为，加强互联网食品药品市场监测监管体系建设，推动医药电子商务发展。

二、快速发展期的医药电商政策

2018年4月，国务院办公厅正式发布《关于促进“互联网+医疗健康”发展的意见》，释放了一系列利好互联网医疗的政策。与医药电商直接相关的，是在“完善‘互联网+药品供应保障服务”章节中提及，要“促进药品网络销售和医疗物流配送等规范发展”，给医药电商发展“互联网+医疗”处方药配送业务带来了契机。

2018年9月，国家卫生健康委连续印发了《互联网诊疗管理办法（试行）》《互联网医院管理办法（试行）》《远程医疗服务管理规范（试行）》三个文件，落实了以实体医院为主体开展线上部分常见病、慢性病患者的复诊，并进一步说明了处方后“医疗机构、药品经营企业可委托符合条件的第三方机构配送”。相关规定使医药电商和互联网医疗的边界进一步模糊、联系进一步加强，为处方药网售勾勒出基础路径。

时至2019年，有关医药电商的法律法规密集出台，特别是《电子商务法》和《药品管理法》两部基本法的颁布实施，初步形成了国内医药电商领域的顶层设计。《药品管理法》进一步明确了医药电商的法律地位，其中备受瞩目的关于“处方药网售”和“第三方平台”等条文叙述，成为行业未来发展的重要驱动力。比如关于“处方药网售”，《药品管理法》采取了审慎包容的态度，其在第六十一条规定：“疫苗、血液制品、麻醉药品、精神药品、医疗用毒性药品、放射性药品、药品类易制毒化学品等国家实行特殊管理的药品不得在网络上销售”，是通过“负面清单”的形式赋予了医药电商销售处方药的合法主体身份。

除此之外，国家发展改革委、国家卫生健康委、国家药品监督管理局、国家医疗保障局等21个部门于2019年8月联合印发的《促进健康产业高质量发展行动纲要（2019－2022年）》明确提出“积极发展‘互联网+药品流通’模式”，要求“建立互联网诊疗处方信息与药品零售消费信息互联互通、实时共享的渠道，支持在线开具处方药品的第三方配送。加快医药电商发展，向患者提供网订（药）店取、网订（药）店送等服务”。这一规定建立在充分吸收试点实践经验的基础之上，分别明确了处方药网售的电子处方来源、处方流转路径、处方承接主体、药品配送方式等核心问题，在某种意义上构成了处方药网售的基本规则。

第二节 医药电商政策对医药电商企业的影响

政策动向决定市场走向。以2019～2020年为例，面对“触手可及”的处方外流红利，医药电商企业尤其是头部企业都在积极布局，充分整合内外部资源，并在法律允许范围内进行新业务试点。

一、医药电商政策对B2C模式的影响

（一）平台型医药B2C竞争加剧

随着医药电商C证“松绑”，国内医药B2C领域近年迅速进入“全网营销”时代，诸如苏宁易购、唯品会、国美等综合电商以及各大信用卡商城、移动应用商城等纷纷入围，使流量入口迅速增至三位数。

例如，2018年底，以“社交+电商”模式从下沉市场崛起的拼多多开始加入医药B2C领域的角逐。凭借巨大的流量优势和独特的拼单模式，多多健康在2019年销售额突破百亿，迅速跻身头部企业行列，并引导市场格局从阿里、京东的“两强对峙”向“三足鼎立”转化。

（二）自营型医药B2C稳步提升

平台型医药B2C依然占据国内医药B2C市场垄断地位，但自营型医药B2C在近年也逐渐自成体系。依从业主体的核心业务进行划分，分为以下两种。

1. 平台衍生的自营企业 典型代表为阿里健康大药房和京东大药房。平台自营是电子商务领域不可扭逆的发展趋势。凭借先天优势，由平台衍生的自营企业往往在前期具有较大的发展动能，但平台自营现象的普遍存在，也使得寄生在平台内的商家的处境更加艰难。以流量为典型代表的稀缺资源向自营业务倾斜，可供商家分配的资源会相应减少。

2. 具有互联网基因的自营性企业 典型代表如1药网、康爱多、健客网等。作为自营型医药B2C行业的先行者，这些企业较早关注“私域流量”建设，自营官网或自建APP的销售贡献远远大于平台。近年来这些企业纷纷进入转型期，以C端为中心、慢性病为重心、大健康服务为核心进开展新业务探索。

3. 具有实体零售基因的自营企业 随着医药政策的变化，实体药品零售连锁企业对于医药电商定位也出现了显著变化。比如甘肃众友、贵州一树、浙江瑞人堂等企业，从可查阅数据反馈来看，部分企业的自营部分占比超过50%，虽然绝对体量不大，但自营官网产出占比达到100%。

即学即练

答案解析

京东大药房是哪种模式的典型代表？（ ）

A. 自营型B2C模式　B. B2B模式　C. 平台型B2C模式　D. O2O模式

（三）医药B2C的市场体量将进一步扩大

虽然近年来整个互联网的流量见底，但细分至医药领域依然具有较大的挖潜空间，随着消费者购买心智的成熟和购买习惯的养成，自然增量将呈现快速增长。更为重要的是，互联网医疗的快速兴起在事实上为医药B2C提供了相对充裕的流量增量，有望形成从医到药的大规模转化。与此同时，互联网医疗有望复制平安好医生闭环式的成功，孵化出新型医药B2C企业，或建立起与医药B2C更为紧密的联结。

二、医药电商政策对O2O模式的影响

医药O2O与医药B2C有着相似的轨迹，随着大平台的介入引燃了医药O2O市场。京东到家被公认为首个成功进入医药O2O领域的互联网巨头，其提出的“高频打低频”战略成为后来者恪守的不二法则。京东到家凭借先发优势，较长时间内在医药O2O领城一枝独秀。随着美团、饿了么、百度外卖的加入，医药O2O市场格局开始分化，直至阿里健康、京东健康、多多健康、平安好医生等众多独角兽企业入围，医药O2O市场正式进平台割据的时代。

据征集数据、公开数据以及研究数据，2019年医药O2O总体销售规模达到70亿元，虽然暂时在医药电商市场占比仅为个位数，但无论增长速率抑或发展势能，都展现出未来发展的无限可能性。2020年在新冠肺炎疫情的影响下，“宅”经济在医药领迅速发酵，初步完成消费者教育，业内人士预测这些用户将会产生30%以上的留存率，即意味着医药O2O市场将迎来至少30%以上的增量空间。此外，处方药网售放开的政策红利也将迅速传导至医药领域，目前医药O2O平台大都只是试探性开展处方药业务，一旦政策明朗或将迎来井喷式发展。

实例分析

实例　2020年3月5日，《中共中央 国务院关于深化医疗保障制度改革的意见》发布，其中明确提出将进一步增强医保、医疗、医药联动改革协调，支持“互联网＋医疗”等新服务模式发展。

问题　“互联网＋医疗”服务模式的发展对医药电商企业可能的影响有哪些？

答案解析

实践实训

实训三　医药电子商务企业如何应对处方药允许网售的政策变化

【能力目标】

能够对典型的医药电子商务企业的经营模式进行分析；能结合处方药允许网售的政策变化，对医药电子商务企业经营模式进行调整。

【任务描述】

某医药电商企业拟在处方药允许网售的政策变化情况下，调整自身企业的发展方向，请根据企业自身定位和竞争对手情况，提交一份市场分析报告。

【任务实施】

步骤1　资料查询

各小组选定一个真实企业，针对该企业的经营规模、经营范围、经营模式、盈利情况等方面上网展开查询。

步骤2　讨论分析

各组根据所查询的资料，结合行业背景和竞争对手情况，讨论分析在处方药允许网售的政策变化情

况下，企业该如何调整市场策略。

步骤 3 分组汇报

各组选派代表上台对本组的分析结果进行汇报，说明分析的过程和结果得出的依据。

答案解析

目标检测

一、选择题

（一）最佳选择题

1. 我国首部涉及医药电商规定的法律法规是（ ）

A.《处方药与非处方药流通管理暂行规定》

B.《互联网药品交易服务审批暂行规定》

C.《国务院关于大力发展电子商务加快培育经济新动力的意见》

D.《药品管理法》（2019 年修订）

2. 首次提出加强互联网食品药品市场监测监管体系建设，推动医药电子商务发展的政策是（ ）

A.《处方药与非处方药分类管理规定》

B.《互联网药品交易服务审批暂行规定》

C.《国务院关于大力发展电子商务加快培育经济新动力的意见》

D.《药品管理法》（2019 年修订）

（二）多项选择题

1. 放开处方药网售可能产生的不良后果有（ ）

A. 可能导致假劣药品泛滥

B. 药品储存、运输条件难以符合要求，危及药品内在质量

C. 现有条件下难以对网上药店实施有效监督

D. 购买药品会更加困难

2.《促进健康产业高质量发展行动纲要（2019－2022 年）》提出的内容有（ ）

A. 建立互联网诊疗处方信息与药品零售消费信息互联互通、实时共享的渠道

B. 支持在线开具处方药品的第三方配送

C. 向患者提供网订（药）店取、网订（药）店送等服务

D. 支持中小零售企业与电子商务平台优势互补

二、判断题

1. 医药电商政策导致了 2019 年医药电商行业销售额大幅下滑。（ ）

2.《国务院关于大力发展电子商务加快培育经济新动力的意见》指出允许网上销售处方药。（ ）

书网融合……

知识回顾　　习题

第四章　医药电商相关法律法规

PPT

学习引导

一场突如其来的新冠疫情，意外促进了“互联网 + 医药”的发展，它包括网上看病或复诊、网上购买药品或医用物品、网上在线支付、网上医药监管等。网上医药服务的便利性满足人们的需求，那么又有哪些法律法规能保障用药安全呢？

本章主要学习互联网药品信息服务管理和互联网药品交易服务管理中的企业申请、企业提供服务的要求、企业变更事项、企业承担的法律责任以及监管。

学习目标

1. 掌握　互联网药品信息服务和互联网药品交易服务的定义、分类。

2. 熟悉　互联网药品信息服务和互联网药品交易服务中的企业申请；企业提供服务的要求。

3. 了解　互联网药品信息服务和互联网药品交易服务中企业变更事项；企业承担的法律责任以及监管。

第一节　互联网药品信息服务管理

一、定义

互联网药品信息服务是指通过互联网向上网用户提供药品（含医疗器械）信息的服务活动。

二、分类

互联网药品信息服务分为经营性和非经营性两类：经营性互联网药品信息服务是指通过互联网向上网用户有偿提供药品信息等服务的活动；非经营性互联网药品信息服务是指通过互联网向上网用户无偿提供公开的、共享性药品信息等服务的活动。

三、管理

拟提供互联网药品信息服务的申请应当以一个网站为基本单元。在向国务院信息产业主管部门或者省级电信管理机构申请办理经营许可证或者办理备案手续之前，按照属地监督管理的原则，应当填写国家药品监督管理局统一制发的《互联网药品信息服务申请表》向该网站主办单位所在地省、自治区、直辖市的药品监督管理部门提出申请。

（一）提供互联网药品信息服务企业的申请条件

申请提供互联网药品信息服务，除应当符合《互联网信息服务管理办法》规定的要求外，还应当具备下列条件。

（1）互联网药品信息服务的提供者应当为依法设立的企事业单位或者其他组织。

（2）具有与开展互联网药品信息服务活动相适应的专业人员、设施及相关制度。

（3）有两名以上熟悉药品、医疗器械管理法律法规和药品、医疗器械专业知识，或者依法经资格认定的药学、医疗器械技术人员。

（二）提供互联网药品信息服务企业的要求

（1）提供互联网药品信息服务的网站，应当在其网站主页显著位置标注《互联网药品信息服务资格证书》的证书编号。

（2）提供互联网药品信息服务网站所登载的药品信息必须科学、准确，必须符合国家的法律法规和国家有关药品、医疗器械管理的相关规定。

（3）提供互联网药品信息服务的网站不得发布麻醉药品、精神药品、医疗用毒性药品、放射性药品、戒毒药品和医疗机构制剂的产品信息。

（4）提供互联网药品信息服务的网站发布的药品（含医疗器械）广告必须经过药品监督管理部门审查批准，同时要注明广告审查批准文号。

答案解析

即学即练 4－1

互联网药品信息服务的网站不得发布（　）的产品信息。

A. 麻醉药品　　B. 精神药品　　C. 放射性药品　　D. 医疗用毒性药品

（三）互联网药品信息服务的监管

（1）各省、自治区、直辖市药品监督管理部门对本辖区内申请提供互联网药品信息服务的互联网站进行审核，符合条件的核发《互联网药品信息服务资格证书》，同时报国家药品监督管理局备案并发布公告。

（2）省、自治区、直辖市药品监督管理部门对本行政区域内提供互联网药品信息服务活动的网站实施监督管理。国家药品监督管理局对全国提供互联网药品信息服务活动的网站实施监督管理，并将检查情况向社会公告。

（四）提供互联网药品信息服务的企业变更事项

《互联网药品信息服务资格证书》有效期为 5 年。有效期届满，需要继续提供互联网药品信息服务的，持证单位应当在有效期届满前 6 个月内，向原发证机关申请换发《互联网药品信息服务资格证书》。

互联网药品信息服务提供者变更下列事项之一的，应当向原发证机关申请办理变更手续，填写《互联网药品信息服务项目变更申请表》，同时提供下列相关证明文件。

（1）《互联网药品信息服务资格证书》中审核批准的项目（互联网药品信息服务提供者单位名称、

网站名称、IP 地址等）。

（2）互联网药品信息服务提供者的基本项目（地址、法定代表人、企业负责人等）。

（3）网站提供互联网药品信息服务的基本情况（服务方式、服务项目等）。

省、自治区、直辖市药品监督管理部门自受理变更申请，同意变更的，将变更结果予以公告并报国家药品监督管理局备案；不同意变更的，以书面形式通知申请人并说明理由。

（五）提供互联网药品信息服务企业的法律责任

（1）未取得或者超出有效期使用《互联网药品信息服务资格证书》从事互联网药品信息服务的，由国家药品监督管理局或者省、自治区、直辖市药品监督管理部门给予警告，并责令其停止从事互联网药品信息服务；情节严重的，移送相关部门，依照有关法律法规给予处罚。

（2）提供互联网药品信息服务的网站不在其网站主页的显著位置标注《互联网药品信息服务资格证书》的证书编号的，国家药品监督管理局或者省、自治区、直辖市药品监督管理部门给予警告，责令限期改正；在限定期限内拒不改正的，对提供非经营性互联网药品信息服务的网站处以 500 元以下罚款，对提供经营性互联网药品信息服务的网站处以 5000 元以上 1 万元以下罚款。

（3）互联网药品信息服务提供者有下列情形之一的，由国家药品监督管理局或者省、自治区、直辖市药品监督管理部门给予警告，责令限期改正；情节严重的，对提供非经营性互联网药品信息服务的网站处以 1000 元以下罚款，对提供经营性互联网药品信息服务的网站处以 1 万元以上 3 万元以下罚款；构成犯罪的，移送司法部门追究刑事责任。

①已经获得《互联网药品信息服务资格证书》，但提供的药品信息直接撮合药品网上交易的。

②已经获得《互联网药品信息服务资格证书》，但超出审核同意的范围提供互联网药品信息服务的。

③提供不真实的互联网药品信息服务并造成不良社会影响的。

④擅自变更互联网药品信息服务项目的。

互联网药品信息服务提供者在其业务活动中，违法使用《互联网药品信息服务资格证书》的，由国家药品监督管理局或者省、自治区、直辖市药品监督管理部门依照有关法律法规的规定处罚。

实例分析

实例 A 省药品监督管理局对 B 网络技术有限公司进行了飞行检查，检查现场提供的《营业执照》与《互联网药品信息服务资格证书》地址不一致。无法提供平台 2020 年开展药品销售的 3 家药店资质档案。质量管理文件管理不规范，现场无法提供各类记录、档案、质量管理制度等文件。

问题 根据检查结果，B 网络技术有限公司应该受到什么处罚？

答案解析

第二节 互联网药品交易服务管理

一、定义

互联网药品交易服务是指通过互联网提供药品（包括医疗器械、直接接触药品的包装材料和容器）

交易服务的电子商务活动。

二、分类

互联网药品交易服务包括为药品生产企业、药品经营企业和医疗机构之间的互联网药品交易提供的服务，药品生产企业、药品批发企业通过自身网站与本企业成员之外的其他企业进行的互联网药品交易以及向个人消费者提供的互联网药品交易服务。

三、管理

从事互联网药品交易服务的企业必须经过审查验收并取得互联网药品交易服务机构资格证书，有效期五年。在依法获得互联网药品交易服务机构资格证书后，申请人应当按照《互联网信息服务管理办法》的规定，依法取得相应的电信业务经营许可证，或者履行相应的备案手续。

（一）第三方平台企业

为药品生产企业、药品经营企业和医疗机构之间的互联网药品交易提供服务的企业，应当具备以下条件。

（1）依法设立的企业法人。

（2）提供互联网药品交易服务的网站已获得从事互联网药品信息服务的资格。

（3）拥有与开展业务相适应的场所、设施、设备，并具备自我管理和维护的能力。

（4）具有健全的网络与交易安全保障措施以及完整的管理制度。

（5）具有完整保存交易记录的能力、设施和设备。

（6）具备网上查询、生成订单、电子合同、网上支付等交易服务功能。

（7）具有保证上网交易资料和信息的合法性、真实性的完善的管理制度、设备与技术措施。

（8）具有保证网络正常运营和日常维护的计算机专业技术人员，具有健全的企业内部管理机构和技术保障机构。

（9）具有药学或者相关专业本科学历，熟悉药品、医疗器械相关法规的专职专业人员组成的审核部门负责网上交易的审查工作。

（二）B2B 企业

通过自身网站与本企业成员之外的其他企业进行互联网药品交易的药品生产企业和药品批发企业应当具备以下条件。

（1）提供互联网药品交易服务的网站已获得从事互联网药品信息服务的资格。

（2）具有与开展业务相适应的场所、设施、设备，并具备自我管理和维护的能力。

（3）具有健全的管理机构，具备网络与交易安全保障措施以及完整的管理制度。

（4）具有完整保存交易记录的设施、设备。

（5）具备网上查询、生成订单、电子合同等基本交易服务功能。

（6）具有保证网上交易的资料和信息的合法性、真实性的完善管理制度、设施、设备与技术措施。

（三）B2C 企业

向个人消费者提供互联网药品交易服务的企业，应当具备以下条件。

（1）依法设立的药品连锁零售企业。

（2）提供互联网药品交易服务的网站已获得从事互联网药品信息服务的资格。

（3）具有健全的网络与交易安全保障措施以及完整的管理制度。

（4）具有完整保存交易记录的能力、设施和设备。

（5）具备网上咨询、网上查询、生成订单、电子合同等基本交易服务功能。

（6）对上网交易的品种有完整的管理制度与措施。

（7）具有与上网交易的品种相适应的药品配送系统。

（8）具有执业药师负责网上实时咨询，并有保存完整咨询内容的设施、设备及相关管理制度。

（9）从事医疗器械交易服务，应当配备拥有医疗器械相关专业学历、熟悉医疗器械相关法规的专职专业人员。

知识链接

关于互联网药品交易服务资格证书

互联网药品交易服务资格证书分为 A、B、C 三种。A 证为国家局审批，可做第三方药品交易平台；B 证由地方局审批，主要为生产企业、流通企业或批发商服务，也就是 B2B 平台；C 证由地方局审批，连锁药店自建的网上药店向个人消费者提供药品，条件是必须有连锁线下门店，也就是 B2C 企业。

2017 年 1 月 21 日，国务院发布了《关于第三批取消 39 项中央指定地方实施的行政许可事项的决定》中明确指出取消“互联网药品交易服务企业（第三方平台除外）审批”，取消互联网药品交易 B 证、C 证的审批，医药电商迎来利好。

（四）提供互联网药品交易服务企业的要求

（1）为药品生产企业、药品经营企业和医疗机构之间的互联网药品交易提供服务的企业不得参与药品生产、经营；不得与行政机关、医疗机构和药品生产经营企业存在隶属关系、产权关系和其他经济利益关系。

（2）提供互联网药品交易服务的企业必须在其网站首页显著位置标明互联网药品交易服务机构资格证书号码。

（3）提供互联网药品交易服务的企业必须严格审核参与互联网药品交易的药品生产企业、药品经营企业、医疗机构从事药品交易的资格及其交易药品的合法性。

（4）对首次上网交易的药品生产企业、药品经营企业、医疗机构以及药品，提供互联网药品交易服务的企业必须索取、审核交易各方的资格证明文件和药品批准证明文件并进行备案。

（5）通过自身网站与本企业成员之外的其他企业进行互联网药品交易的药品生产企业和药品批发企业只能交易本企业生产或者本企业经营的药品，不得利用自身网站提供其他互联网药品交易服务。

（6）向个人消费者提供互联网药品交易服务的企业只能在网上销售本企业经营的非处方药，不得向其他企业或者医疗机构销售药品。

（7）在互联网上进行药品交易的药品生产企业、药品经营企业和医疗机构必须通过经药品监督管理部门和电信业务主管部门审核同意的互联网药品交易服务企业进行交易。参与互联网药品交易的医疗机构只能购买药品，不得上网销售药品。

答案解析

即学即练 4-2

下列药品不适合在网上销售的是？（　）

A. 疫苗和血液制品　　B. 麻醉和精神药品

C. 放射性药品　　D. 药品类易制毒化学品

（五）互联网药品交易服务的监管

国家药品监督管理局对为药品生产企业、药品经营企业和医疗机构之间的互联网药品交易提供服务的企业进行审批。省、自治区、直辖市药品监督管理部门对本行政区域内通过自身网站与本企业成员之外的其他企业进行互联网药品交易的药品生产企业、药品批发企业和向个人消费者提供互联网药品交易服务的企业进行审批。药品监督管理部门对提供互联网药品交易服务的网站进行监督检查，并将检查情况向社会公告。

（六）提供互联网药品交易服务的企业变更事项

（1）互联网药品交易服务机构资格证书有效期届满，需要继续提供互联网药品交易服务的，应当在有效期届满前6个月内，向原发证机关申请换发互联网药品交易服务机构资格证书。

（2）提供互联网药品交易服务的企业变更网站网址、企业名称、企业法定代表人、企业地址等事项的，应填写《互联网药品交易服务变更申请表》，并提前30个工作日向原审批部门申请办理变更手续，变更程序与原申请程序相同。变更服务范围的收回原有资格证书，按本规定重新申请，重新审批。

（3）提供互联网药品交易服务的企业需要歇业、停业半年以上的，应在其停止服务前1个月向所在地省、自治区、直辖市药品监督管理部门提出书面备案申请。在互联网药品交易服务机构资格证书有效期内，歇业、停业的企业需要恢复营业的，应当向其备案的省、自治区、直辖市药品监督管理部门申请重新验收，经验收合格，方可恢复营业。

（七）提供互联网药品交易服务企业的法律责任

（1）未取得互联网药品交易服务机构资格证书，擅自从事互联网药品交易服务或者互联网药品交易服务机构资格证书超出有效期的，药品监督管理部门责令限期改正，给予警告；情节严重的，移交信息产业主管部门等有关部门依照有关法律法规规定予以处罚。

（2）提供互联网药品交易服务的企业有下列情形之一的，药品监督管理部门责令限期改正，给予警告；情节严重的，撤销其互联网药品交易服务机构资格，并注销其互联网药品交易服务机构资格证书。

①未在其网站主页显著位置标明互联网药品交易服务机构资格证书号码的。

②超出审核同意范围提供互联网药品交易服务的。

③为药品生产企业、药品经营企业和医疗机构之间的互联网药品交易提供服务的企业与行政机关、医疗机构和药品生产经营企业存在隶属关系、产权关系或者其他经济利益关系的。

④有关变更事项未经审批的。

（3）提供互联网药品交易服务的企业为未经许可的企业或者机构交易未经审批的药品提供服务的，药品监督管理部门依照有关法律法规给予处罚，撤销其互联网药品交易服务机构资格，并注销其互联网药品交易服务机构资格证书，同时移交信息产业主管部门等有关部门依照有关法律法规规定予以处罚。

（4）为药品生产企业、药品经营企业和医疗机构之间的互联网药品交易提供服务的企业直接参与药品经营的，药品监督管理部门依照《中华人民共和国药品管理法》进行处罚，撤销其互联网药品交易服务机构资格，并注销其互联网药品交易服务机构资格证书，同时移交信息产业主管部门等有关部门依照有关法律法规规定予以处罚。

（5）向个人消费者提供互联网药品交易服务的药品连锁零售企业在网上销售处方药或者向其他企业或者医疗机构销售药品的，药品监督管理部门依照药品管理法律法规给予处罚，撤销其互联网药品交易服务机构资格，并注销其互联网药品交易服务机构资格证书，同时移交信息产业主管部门等有关部门依照有关法律法规的规定予以处罚。

（6）药品生产企业、药品经营企业和医疗机构通过未经审批同意或者超出审批同意范围的互联网药品交易服务企业进行互联网药品交易的，药品监督管理部门责令改正，给予警告。

实践实训

实训四　互联网药品交易服务资格审核

【能力目标】

能够运用相关法律知识判断某医药电商网站是否具备互联网药品交易服务资格。

【任务描述】

企业或消费者在进行医药电商交易时，务必要选择合法合规的电子商务网站。作为医药行业从业人员，要能够根据所学法律知识对工作和生活中遇到的医药电商网站进行分析，判断其是否具备合法资质。

【任务实施】

步骤 1　填写“检查表”

以个人为单位浏览指定的医药电商网站，根据《互联网药品交易服务审批暂行规定》的要求，查找网站相关资质证明，逐项填写“检查表”，注明检查结果。

步骤 2　教师评分

按要求提交检查表，由教师进行检查和评分。

答案解析

目标检测

一、选择题

（一）最佳选择题

1. 提供互联网药品信息服务的网站，应当在其网站主页显著位置标注（　）

A. 互联网药品交易许可证书编号　　B. 互联网信息证书编号

C. 互联网信息服务对象证书编号　　D. 互联网药品信息服务资格证书编号

2.《互联网药品信息服务资格证书》的有效期为（　）

A. 2 年　　B. 3 年

C. 5 年　　D. 6 年

3. 向个人消费者提供互联网药品交易服务的企业只能在网上销售本企业经营的（　），不得向其他企业或者医疗机构销售药品

A. 合法药品　　B. 非处方药

C. 处方药　　D. 注册药品

4. 向个人消费者提供互联网药品交易服务的企业，应当具备条件之一是（　）

A. 药品连锁零售企业　　B. 药品生产企业

C. 药品批发企业　　D. 医疗机构

（二）多项选择题

1. 提供互联网药品信息服务的企业变更事项是（　）

A. 变更网站名称　　B. 变更服务方式

C. 变更法定代表人　　D. 变更 IP 地址

2. 为药品生产企业、药品经营企业和医疗机构之间的互联网药品交易提供服务的企业，应当具备以下条件（　）

A. 依法设立的企业法人

B. 具有完整保存交易记录的能力、设施和设备

C. 提供互联网药品交易服务的网站已获得从事互联网药品信息服务的资格

D. 具备网上查询、生成订单、电子合同、网上支付等交易服务功能

二、名词解释

1. 互联网药品信息服务
2. 互联网药品交易服务

三、简答题

1. 阐述互联网药品信息服务的分类。
2. 阐述互联网药品交易服务的分类。

四、综合分析题

为加强药品网络销售监督管理，规范药品网络销售行为。根据新修订的《药品管理法》，国家药监局对《药品网络销售监督管理办法（征求意见稿）》作了修改。2020 年 11 月，国家药监局现就该办法再次公开征求意见。请大家登录国家药品监督管理局网站下载并阅读，请从我国互联网药品经营活动发展现状、政策法规以及经营监管面临的一些新问题方面来阐述。

书网融合……

知识回顾　　习题

营销篇

医药电商网络营销策略

第五章　医药电商产品策略

PPT

学习引导

随着网络经济时代的到来，电子商务迅速改变了工业化社会传统的营销模式，缩短了生产者与消费者之间的距离，减少了商品在流通中的诸多环节，消费者可以在网上轻松地买到所需的商品，对传统的市场营销产生了革命性的影响。网络营销有别于传统营销，其运营方式和营销策略都发生了根本性的变化，需要重新对网络营销市场进行全新地审视，树立新观念、开拓新路子，研究新方法。对于医药企业来说，如何在网络营销市场上站稳脚跟，既是机遇也是挑战。

本章主要介绍商品品类管理、选品及采购方面的相关知识，就如何通过打造爆款、产品上下架、关联销售三种网络营销策略来增加产品销量，优化企业管理，提高企业核心竞争力。

学习目标

1. **掌握**　商品品类管理、商品选品、商品采购、爆款产品、产品上下架和关联销售的定义。
2. **熟悉**　商品品类管理的流程、商品选品原则、商品采购方式和产品上下架技巧。
3. **了解**　医药商品关联销售的方法和爆款产品打造策略。

第一节　医药电商商品品类管理

一、概述

（一）定义

1. 品类　品类是指一组具有相同的特质而相互关联并可以相互替代、易于区分、能够管理的商品或服务。从消费者角度来看，这是一组在满足其某一方面需求时可以相互联系或相互替代的商品或服务。但对于供方来说，品类还可以进一步细分，每一种品类的商品或服务既能达到相互联系与相互替换的要求，同时相互之间的经营目标又存在差异。在确定商品品类时，要以满足顾客需求为目的，具有可识别性、可规划性和可操作性等特点。

2. 品类管理　品类管理是指分销商或供应商把所经营的商品或服务分成不同的类别，把每类商品作为企业经营的基本活动单位进行管理的一系列相关活动。品类管理流程以品类为业务单元，通过向消费者提供超值的商品和服务来提高企业的运营效果。品类管理的目的在于持续改善消费者的购物环境，给消费者提供多种商品或服务，并在科学有效的管理下保证正常供应，增加销售数量，达到供应商、零售商和消费者三赢的良性循环。

（二）基本要素

品类管理有六大要素，分别是企业策略、经营流程、评量表、组织能力、信息技术、合作关系。其中前两项（企业策略和经营流程）为核心要素，对企业的发展有着重大的意义，决定了未来发展的方向；后四项（评量表、组织能力、信息技术与合作关系）为辅助要素。在支持核心要素的落实过程中，起着重要作用。六大要素的关系见图 5－1。

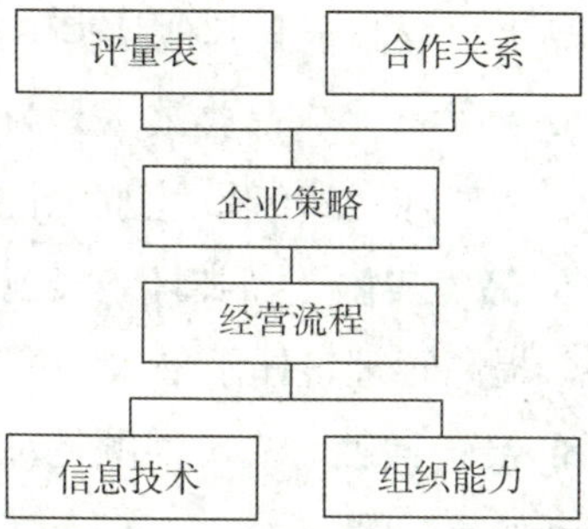

图 5－1　商品品类管理的基本要素

1. 企业策略　企业根据环境变化，依据本身资源和实力选择适合的经营领域和产品，针对企业整体性、基本性、长期性的问题，为形成企业核心竞争力而设计的谋略。

2. 经营流程　企业每天按计划所进行的工作流程，为企业达成企业策略所从事的一系列活动与方法。

3. 评量表　一种评量工具，根据公司整体的任务、目标和策略，针对供应商、零售商和消费者三者的期望设计，用来观察实施效果，诊断和改进品类管理，同时作为奖惩参考。

4. 组织能力　企业通过以品类管理为核心的组织架构、责任、角色、技术、奖惩制度等组织能力来进一步提高核心竞争力。

5. 信息技术　通过运用信息技术等先进科技手段来收集并分析相关资料，可以大幅改善经营流程效果。

6. 合作关系　供应商和零售商在合作进行品类管理时，要在彼此信任的基础上，建立起良好的协同合作关系，共同创造供应商、零售商和消费者三赢的局面。

（三）基本流程

商品品类管理的基本流程共分八个步骤，分别是品类定义、品类角色、品类评估、品类评分、品类策略、品类战术、品类实施和品类回顾。见图 5－2。

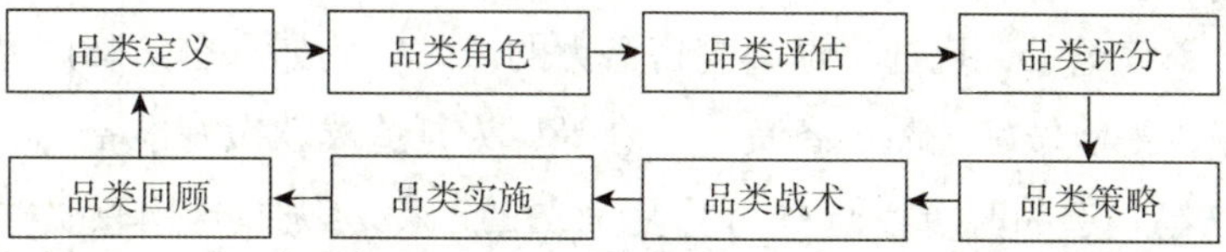

图 5－2　商品品类管理的基本流程

1. 品类定义　品类定义是指由零售商和供应商在对消费者需求充分调查的基础上，收集并分析数据，按照商品的属性、特性和相关性，把商品按品类进行划分，从而实现相同品类商品或服务相互联系并可相互替代。

2. 品类角色　品类角色是指品类在品类管理中所扮演的角色。对品类进行品类角色判定要充分考虑消费者的消费行为。常见的品类角色一般分为四种：目标性品类、常规性品类、季节性品类和便利性品类。

3. 品类评估　品类评估就是企业对实施品类管理的现状和效果进行评估，其目的是找出品类管理的优势与不足，分析品类管理现状与目标的差距，为企业经营策略和营销活动提供改进的依据。

4. 品类评分 在品类评估之后，为了量化评估结果和为后续品类管理环节提供数据支撑，通常采用品类评分表对多方面指标进行测量，提高评估的直观性与准确性。

5. 品类策略 品类策略是指企业针对不同品类的商品，达到管理目标所采取的不同方式。比如目标性品类，要制定与其他品类不同的策略，从而提高此品类商品的贡献率。

6. 品类战术 品类战术是为了落实品类策略所采取的具体行动，包括商品组合、定价技巧、促销活动、货架陈列和产品引进五个方面。

7. 品类实施 品类计划实施就是把品类管理中相关策略、战术进行实施的过程，探索品类管理的优势，提高管理整体水平。

8. 品类回顾 品类回顾是对整个品类管理执行情况进行定期检查，与经营计划进行对比，提高品类管理的有效性。

二、医药电商商品选品及采购

（一）商品选品

选品就是根据电商平台的特点，结合自身情况和数据分析来选择所要经营的行业及具体类目下的产品。电商商品在选品上要科学性与逻辑性兼顾，选品的优劣直接决定了商品的销量，以下总结了几个选品的基本原则可供参考。

1. 选择消费者刚需产品 选择消费者刚需产品是选品成功与否的重要因素。消费者购买商品的初衷是从自己的实际需求出发的，其次再考虑个人偏好。这也意味着，真正满足刚性需求的产品，销量自然高，复购率也高，潜在的消费群体也会越来越庞大。只有站在用户需求的角度考虑，才能正确选品。

2. 选择高利润的产品 如今在高流量成本、高运营成本的市场环境下，一款产品必须有一定的利润空间，才能有钱可赚。按照市场一般规律，电商直播间主播带货，价格会在原来的基础上翻 3 ~ 4 倍，所以选择高利润的产品至关重要。女性化妆品、教育类相关产品、养生保健类产品等都属于高利润产品，选品时可以优先选择。

3. 选择旺季热销产品 把握产品销售旺季，选对产品是关键。根据市场趋势、消费者使用习惯，以及多平台近期的历史销售纪录，挑选出最具销售潜力的产品。例如夏季防晒产品、冬季保暖产品等应季产品届时销量会高涨，提前做好选品、备货、入仓等，为打造爆款做好准备。

4. 选择重复消费产品 选品时可以选择可重复消费的产品，例如日用百货类、食品饮料等，因其消耗速度很快，复购率较高。虽然重复消费产品的利润相对较低，但因其销售量巨大，所以产品的累积利润可以很高。

5. 选择品质有保障的产品 相信品牌的力量，一般大品牌对应着好质量。但对于想要购买质优价廉的产品的消费者而言，品牌不是最关键的，品质可能才是他们最关心的。所以在选品时不要迷信知名品牌，应更多地结合产品本身的过硬质量、现场亲测效果和用户反馈，综合作出判断。

（二）商品采购

商品采购通常是指企业为实现销售目标，在充分了解市场要求的情况下，根据企业的经营能力，采用适当的采购策略和方法，通过交换获得商品或服务的交易行为。以下是企业常见的采购类型。

1. 按采购制度划分

（1）集中采购　由企业总部的采购机构统一对企业所需的物品进行的采购业务被称为集中采购，这也是企业普遍采用的最基本的采购组织形式。

（2）分散采购　由企业各分支机构的采购部门独立完成的采购活动被称为分散采购。

2. 按采购价格确定方式划分

（1）招标采购　招标采购是指采购方作为招标方，事先提出采购的条件和要求，邀请众多企业参加投标，然后由采购方按照规定的程序和标准一次性从中择优选择交易对象，并与提出最有利条件的投标方签订协议的过程。整个过程要求公开、公正和择优。招标采购是政府采购最通用的方法之一。

（2）询价采购　询价采购是指采购人向有关供应商发出询价单让其报价，在报价基础上进行比较并确定最优供应商的一种采购方式。

（3）比价采购　比价采购是指采购人员请数家厂商提供价格后，从中进行比价，然后决定厂商进行采购事项。

（4）议价采购　议价采购是指采购人员与厂商双方经讨价还价而议定价格后进行采购。

3. 按采购地区划分

（1）国内采购　企业向国内供应商或生产商进行企业采购的行为。在国内材料价格、品质、性能与国外相差无几的情况下，优先选择国内采购。国内采购具有机动性强、手续简单方便、交通运输方便、采购活动时间短、交货与售后服务及时等优点。

（2）国际采购　企业向国外供应商或厂商采购企业所需物资的行为。国际采购可以利用全球资源，通过电商平台进行交易，寻求价格低、品质高、性能好的资源。但与国家民族发展前途息息相关的企业，比如信息产业通信产业等，眼光应该放长远，尽量采购国内优秀供应商的产品进行相关共同研发。

知识链接

药品集中招标采购

药品集中招标采购主要指数家医疗机构联合组织的药品招标采购和共同委托招标代理机构组织的药品招标采购。城镇职工基本医疗保险（或公费医疗）药品目录中的药品、医疗机构临床使用量比较大的药品，原则上实行集中招标采购。

药品集中招标采购是药品采购制度的一项重大改革，实行药品采购招标，目的是为了规范医疗机构药品购销活动，引入市场竞争机制，提高药品采购透明度，遏制药品流通领域不正之风，减轻社会医药费用负担，保证医药体制改革和医疗机构改革的顺利实施。为了推进我国的城镇医药卫生体制改革进程，国务院及相关部门制定了一系列政策法规，如原卫生部、国家发展改革委等部委联合发布的《医疗机构药品集中招标采购试点工作若干规定》《药品招标代理机构资格认定及监督管理办法》《关于进一步做好医疗机构药品集中招标采购工作的通知》《关于进一步规范医疗机构药品集中招标采购的若干规定》《医疗机构药品集中招标采购工作规范（试行）》《医疗机构药品集中招标采购和集中议价文件范本（试行）》等，明确了药品集中招标采购和集中议价采购的交易规则、业务流程和行为规范，以及药品招标代理机构资格认定等。

第二节　打造医药电商爆款产品

一、爆款产品的定义与重要性

（一）定义

爆款产品是指某一单品或者某一类产品，通过互联网或其他途径来获取超高流量或人气，进而火爆销售，其知名度、销量在短时期内产生爆发，并产生巨额销售金额和利润，获取极大的市场份额。

（二）重要性

爆款产品曾经是营销手段、促销活动、跟风现象的产物，现如今爆款产品所带来的效益远不止经济效益这么简单，消费者之所以选择爆款产品，更多的是消费者选择产品时，口碑好销量高的爆款产品能够增加消费者对产品的信任度，同时企业和商家也能够获得更多的利润。因此，爆款产品对于企业、商家和消费者来说都显得尤为重要。

1. 引领市场发展方向　现如今，市场由卖方市场转向买方市场，信息技术推动着社会经济的发展，各种电商平台已经成为人们日常消费的主流途径。消费者之所以选择爆款，是因为爆款产品能够解决用户痛点，美观且实用，比同类产品更有吸引力。爆款产品创造了新的价值、优化了客户的体验、提高了行业效率，表达了源自品牌所传达的企业精神，契合消费者的情感需求，从而引领了市场上同类产品的发展方向。

2. 进一步提升企业形象　在一段时期内，工业化时代是体系带产品，选准市场定位，能够打造出成体系的产品，但是企业所经历的周期很长，投入很大，需要从产品到市场的磨砺与积淀。如今在互联网时代，可以实现一个产品带出一个体系，进而发展形成产品生态。过去是品牌带产品，现在可以是产品带品牌。爆款产品成功后，因势利导，以这个爆款产品为龙头，通过进一步圈粉、聚沙成塔、以点带面地促进其他产品的销售，甚至带动企业整个产品链销售的巨大提升，这也将成为一种流行的营销模式。

3. 给消费者带来更多实惠　随着生活水平的提高，消费者对产品的消费点也在提高，从能够满足日常使用，到能否解决消费者的痛点、产品有没有想象力。消费者的消费升级越来越频繁，倒逼厂家更要升级想象力，制造出满足消费者无限想象力的产品才是一款好产品，那么产品成为爆款的概率就会大大增加。消费者要想在琳琅满目的商品中找到自己喜欢的那一款，就必须在看到某一款产品的时候进行想象，一旦搜索到了这个爆款产品，就会引发消费者极大的兴趣，不仅解决了消费者的痛点，带来了物质、经济上的实惠，更是倡导了一种全新的购物理念。

二、爆款产品的特点

1. 市场需求量大　爆款的“爆”字指的就是火爆的意思，既然销售火爆，那么爆款产品一定是适合大众消费、市场需求量大的热门产品。例如女装，在各大电商平台中能成为爆款的，通常都是当下热门、流行的款式，而且是符合大众审美的，而不是时装发布会表演中具有艺术气息的款式，只有适合大众口味，市场的需求量才可能大，才能有足够体量支撑这个“爆”字。

2. 能够解决消费者痛点　能否成为爆款产品要看这个产品能否方便快捷地解决消费者的痛点，帮助消费者解决棘手的问题，例如有一款中药成分的外用药膏，在夏天的时候涂抹能够提神醒脑，也能对付蚊虫叮咬，抹上一点就见效，这个药膏就很好地解决了消费者的痛点，就是爆款产品。

3. 刚需或应季产品　爆款产品一定是一款刚需产品，即人人都需要的产品，能够满足每个人的需要，最好是与生活息息相关的，能满足这个特点，那这个产品就是爆款产品。有些爆款还是应季产品，例如服装行业中的保暖内衣，轻薄保暖显身材，绝对的爆款；还有水果行业、生鲜行业等等。

4. 产品复购率高　爆款产品的复购率都很高，就是说爆款产品中消耗品居多，比如食品、饮料等，几乎每天都需要，很快就会被消耗掉，然后就需要再次购买。如果消费者购买产品之后一年用不了几次，使用率太低，就不会产生二次购买，这样的产品就肯定不是爆款产品。

5. 产品性价比高　爆款产品之所以成为爆款，就是因为产品的性价比高，不仅价格低，而且质量要好。爆款产品在产品定价上一般都在百元左右，价格不高，特别是网购，很多消费者都不是太在意，可能就是冲动消费。但是产品成为爆款之后，质量过硬的口碑也一定要留下。如果爆款产品质量不过关，导致差评很多，爆款产品也就止步于此了。

三、爆款产品打造策略

1. 做好产品图片处理　图片宣传是爆款产品打造过程中最直接也是最为有效的方式之一。好的图片处理可以很好地展现出产品特点，增加产品的辨识度，是进行打造爆款产品的最佳途径。现代、简洁、时尚的设计，会增加消费者的好感。处理图片时需要最大限度地将商品特点展现出来，吸引消费者的眼球，但是修图要适当，不能过于美化，否则会给消费者带来心理落差，影响产品在消费者心目中的形象。

2. 合理设置产品价格　合理进行价格设置是产品成为爆款的关键，爆款产品要适合大众消费，价格方面一定要适中，可以参照竞争产品定价，适当地让利对提高产品的影响力是很有必要的。因为爆款属于走量的产品，价格需要有诱惑力才能更好地刺激消费者购买。同时，也要注意价格设置的技巧，可以先设置优惠价一段时间，之后再恢复原价，让消费者觉得物有所值。另外就是价格设置的艺术，将价格设置为 29. 9 元就比 30 元容易让人接受，这对爆款产品的打造起着关键的作用。

3. 做好推广运营工作　如今在大数据时代，酒香也怕巷子深，被淹没在滚滚洪流中的产品信息不计其数。所以要想打造爆款，就必须在推广运营上多下功夫。运营者可以购买所在电商平台的广告，总结广告投放的时间段与页面位置所带来的点击量，做到广告精准投放。推广引流也是目前增加人气最常见的推广方式，可以增加消费者检测到相关产品的频率。使用网络直通车，设立合适的关键词筛选机制，增加词目索引选择，优化网络内容，调试网络图片，根据店铺的经营状况以及经济实力选择合适的推广方式，增加产品的点击率，提高爆款产品的知名度。

4. 重视信誉与服务　所有爆款产品的打造，都离不开优质的信誉与服务。店铺信誉好、服务响应快、物流效率高、售后有关注，让消费者得到满意的购物体验，对于打造爆款产品是极为有利的。在销售过程中，众口难调，难免会出现中差评。不怕中差评，就怕不处理，对中差评一定要第一时间与消费者进行良好沟通，积极地进行处理，消除中差评，维护好店铺的信誉度。

5. 做好持续维护工作　产品成为爆款是一个漫长的过程，因此产品的爆款维护工作是一个持续性的工作。产品的销量经过突飞猛进的增长后，各项指数基本趋于稳定状态，这时候就要对销量状态进行综合分析了，是更进一步开拓销量，还是稳扎稳打维持现状，要根据多方面综合因素进行考量。无论如何，爆款产品来之不易，质量控制、页面布局、包装策划、资金投入、宣传力度、促销活动等每一个环节都要持续改进，将爆款进行到底。

实例分析

实例 2020年，新型冠状病毒肆虐全球，我国出现疫情后，第一时间举全国之力，及时有效地控制住了疫情的传播，并为世界各国总结出十分宝贵的有效抗疫经验，为世界抗疫战争做出了卓越的贡献。在我国的抗疫过程中，不少药物得到了世界的认可。其中，连花清瘟胶囊作为全球首个得到新型冠状病毒肺炎治疗批准的药物，如今在海外成为了“爆款网红产品”，价格更是炒到翻了好几番，仅有的几家卖货平台一直处于断货状态，可见世界人民对于我国这款药物的认可。

问题 为什么连花清瘟胶囊会成为爆款产品？

答案解析

第三节 产品上下架技巧

一、产品上下架优化的重要性

（一）产品上下架的定义

目前主流电商平台上下架的时间周期为7天，也就是说商品上架7天后就会下架，如何让商品在一天不同时段都有较好的展示机会，就需要合理安排好商品的上下架时间。

（二）产品上下架优化的意义

随着电商平台搜索匹配规则不断完善，评价一个商家是否优秀，看的是商家的综合运营能力，表现在具体数据上就是转化率、店铺动态评分、销售量、熟客率、收藏量以及相关人气因素等。这些关键因素直接影响了搜索排序，综合运营能力越强的商家获取搜索匹配的流量就会越多，但是小商家或者刚起步的商家获取搜索匹配的流量压力就会增大。所以在电商平台搜索排序的影响因素中还有一项关键因素，称之为“轮播因素”。轮播因素实际上指的就是商品上下架时间。商品到了下架时间不会被系统下架到仓库，而是将有效期重新计算，也就是说即将下架的产品会在搜索排序中获得优先展示，以保障每个商家在此因素上都有在搜索结果中公平展示的时间。与轮播因素相对应的工作就是“产品上下架优化”，安排好上下架时间，有机会获得更高概率的搜索展示，从而带来更多优质和高效的搜索流量，从而提升商品转化率、成交率、动态评分等数据，形成良性循环。

二、商品上下架的规划与技巧

通过了解产品上下架的规则之后，那么在商品发布的时候，就要有选择性地选择商品的上下架的周期。建议一般上架商品时不要一次性全部上架，如果一次性全都上架，周期时间一到也就一次性全都下架。因为即将下架的产品会在搜索排序中获得优先展示，所以为了保证基本每天都能看到下架产品，就要将商品分开时段上架，这样才能让更多的买家看到店铺中的商品。

怎样才能做好商品上下架的规划，合理安排商品上下架的时间呢？这里提供三个上下架的技巧。

1. 分析店铺流量趋势　商品在买家高峰访问时段上架能够获取更多流量，一般来说，工作日的下午趋势较为集中，周末的话则是在晚上。通过分析买家访问时段，最好细化到一周的每一天，看看什么时间访问人数最多。可以利用一些数据分析软件来查询买家访问时间段，找出自己商品所在品类流量高峰时段，计算出店铺每天要发布的商品数量，在每天不同时段定时进行产品上下架操作。

2. 错时精准上下架

（1）精准上架　在进行产品上架时，要看看搜索页面中本产品周围竞品的情况。如果有不利于自己竞争的产品存在，应立刻调整上下架时间，保证自己的相对竞争力；如果跟对手的产品在同一个时间点去竞争，竞争力还算强，那就保留上架，适当使用橱窗推荐等其他方式来增加搜索权重，否则还是避开与竞品同时上架为好。

（2）错时下架　店铺里的产品要分开上下架时间，保证每天都要有产品下架，才能保证搜索排名靠前。店铺中所有产品不能每天同一时间点下架，要错时，每天都要有几款产品下架，而且每天的每个下架的时间点也要分开，尽量在买家访问量最大的时间段里，都有离下架时间最近的产品出现，以获得优质访问流量。

3. 借助第三方软件管理　产品上下架优化需要不断摸索，积累经验，才能找到适合自己店铺的模式。刚开始操作时不可能一步到位，可以借助第三方软件来进行分析与改进，如：生e经、生意参谋、市场行情等。电商平台也大多自带批量定时上架功能，简单易上手，最重要的是免费。电商平台的卖家服务市场也有一些第三方工具可以实现批量自动上架功能，可以按需安装使用。

三、医药商品关联销售

（一）定义

医药商品关联销售是为了使某种疾病的患者得到快速、有效的治疗，把几种对疾病治疗相关的产品一起推荐销售。联合使用治疗康复保健方案时，相互关联药品、食品、医疗器械以及辅助治疗用品进行销售，只要形成一个治疗系列都可以理解为关联销售。

（二）意义

1. 有助于增强治疗效果　由于关联销售是将治疗疾病的物理疗法、化学疗法，外用药、内服药、日常保健食品等联合使用，其治疗效果要比单一方法显著，同时也能得到患者的肯定。

2. 有助于提高经济效益　由于关联销售实现了消费者一站式购买、一次性解决问题的需求，促使关联销售的销售面更加广泛，从而在多方面提高了客单价和购买率，有助于提升商家的营业额和利润水平。

3. 有助于提升企业形象　关联销售的关键是“疾病治疗方案”，需要考虑到药效学、药物经济学以及品类管理等多个方面的因素，所以需要医学、药学、药物经济学、患者药品消费心理学的专业人才研究和指导关联销售。通过专业、专注、专心的沟通去满足患者需求，从关心客户的角度去推荐，传播健康知识，普及保健理念，有助于增强企业亲和力，从而提升企业整体形象。

（三）方法

1. 根据病种进行关联　销售人员应能够根据患者的描述进行判断，根据其病种进行关联销售。例如患者描述的症状为感冒，销售人员可以将治疗感冒的中药和西药进行关联；考虑到患者可能有炎症，需要消炎和清热解毒产品；还要询问患者是否咳嗽和有痰，可以关联止咳化痰的产品；如果患者有喉咙肿痛的症状，可以关联含片以缓解咽喉不适；如果患者发热，还需要关联解热镇痛相关药品以及物理降温的产品等。此外，还可以关联销售维生素、中药贴等保健产品。

2. 根据患者人群进行关联 销售人员应能够根据患者的人群特征进行关联销售。例如年轻女性人群患者，销售人员推荐完病种所需的药品之后，可以关联介绍美容护肤的相关产品，包括外用、内服或者食疗等；还可关联减肥、洗浴、护发以及家庭日用品等。此外，还可以根据患者的不同特征推荐产品，例如戴眼镜的患者，可以关联眼药水等眼睛护理相关的产品。

3. 根据促销活动进行关联 销售人员应能够根据店内促销活动信息进行关联销售。例如消费者欲购买减肥产品，通过沟通发现消费能力较高，销售人员可按疗程推荐价位较高的减肥产品，同时将正在进行的促销活动告知消费者，比如"买一疗程赠送两盒"等，从而进行关联销售。销售人员除推荐减肥药品之外，还可以关联外用减肥保健品、瘦身器械、健身操音乐 CD、瘦身书籍、瘦身食品、维生素、排毒养颜品、美容护肤系列等。根据季节的变化，也可以根据促销活动进行关联销售，例如夏季促销活动时可以将清凉解暑药品、防蚊虫叮咬用品和防晒用品等一起进行关联销售。

答案解析

即学即练

下面哪一项不是正确的产品上下架方法？（ ）

A. 分时段上下架　　B. 在访问流量高峰期上架

C. 把所有产品一起上架　　D. 使用三方软件管理

实践实训

实训五　制定黄金单品打造方案

【能力目标】

能够根据产品的特点制定黄金单品打造策略。

【任务描述】

根据公司现有产品情况，选取可以打造为黄金单品的产品品种，为其制定黄金单品打造策略。

【任务实施】

步骤 1　确定黄金单品

各组自行确定企业背景、产品情况，并对产品进行分析，选取可以打造为黄金单品的品种。

步骤 2　制定黄金单品打造策略

通过小组讨论，分析产品特点、消费者需求及市场特征等，制定该产品的黄金单品打造策略。

步骤 3　汇报展示

各组选派代表上台将制定好的策略进行汇报展示，说明分析的过程和结果得出的依据。

答案解析

目标检测

一、选择题

（一）最佳选择题

1. 通过运用信息技术等科技手段来收集并分析相关资料，以改善经营流程效果属于商品品类管理的基本要素的（　）

A. 企业策略　　B. 经营流程

C. 信息技术　　D. 合作关系

2. 品质是消费者最关心的，选品时优先选择（　）的产品

A. 价格低的产品　　B. 质量高的产品

C. 大品牌的产品　　D. 评价高的产品

3. 企业普遍采用的最基本的采购组织形式是（　）

A. 集中采购　　B. 分散采购

C. 询价采购　　D. 比价采购

4. 哪一项不是正确的推广运行方式（　）

A. 增加词目索引选择　　B. 优化网络内容

C. 调试网络图片　　D. 购买消费者好评

（二）多项选择题

1. 品类管理的目的是（　）

A. 改善消费者的购物环境　　B. 提供多种可供选择的商品或服务

C. 保证正常供应　　D. 增加销售数量

2. 商品品类管理中（　）为核心要素，对企业的发展有着重大的意义

A. 企业策略　　B. 经营流程

C. 信息技术　　D. 组织能力

3. 高利润产品有（　）

A. 女性化妆品　　B. 教育类相关产品

C. 电子产品　　D. 养生保健类产品

4. 爆款产品可以（　）

A. 引领市场发展方向　　B. 进一步提高企业形象

C. 给消费者带来更多实惠　　D. 取代同品类其他商品

5. 医药商品关联销售主要有（　）方法

A. 根据病种进行关联　　B. 根据患者人群进行关联

C. 根据促销活动进行关联　　D. 根据季节进行关联

二、判断题

1. 同一品类的商品或服务可以进行相互替换。（　）

2. 选品时选择的产品越便宜越好，品质可以不做考虑。（　）

3. 爆款产品一旦打造成功，就可以不用管理了，消费者一定还会再买。(　　)
4. 出现差评时应第一时间与消费者进行沟通，积极地进行处理。(　　)
5. 只要产品质量好，就一定能够被消费者知晓，因为“酒香不怕巷子深”。(　　)
6. 合理安排产品上下架时间，能够提高店铺的排名。(　　)
7. 医药产品进行关联销售有利于增强治疗效果。(　　)

三、综合分析题

某药店刚刚入驻电商平台不久，要对网上店铺中的商品信息进行维护，想通过合理的方式打造门店中的爆款产品。

1. 门店为目标爆款产品定价为30元左右，以下哪个价格更加容易被消费者接受（　　）

A. 32元　　B. 31元
C. 29.9元　　D. 30.9元

2. 对于产品图片维护，下列说法不正确的是（　　）

A. 产品图品清晰　　B. 展示信息简洁明了
C. 设计时尚艺术　　D. 尽可能地进行修图美化

书网融合……

知识回顾　　习题

第六章　医药电商价格策略

PPT

学习引导

西方经济学和营销学通常将价格定义为：“顾客为得到一单位产品或劳务而必须支付的货币数量单位。”价格是市场营销组合策略中十分敏感的因素，定价是否合理直接影响到顾客的购买决策，也直接关系到企业产品的销量和盈利水平。

本章内容主要介绍医药产品价格定义、医药电商定价特点、影响医药电商定价的因素、低价策略、定制生产定价策略、差别定价策略、拍卖竞价策略、参与式定价策略、免费价格策略。

学习目标

1. **掌握**　医药产品定价的定义和特点。
2. **熟悉**　熟悉医药电商基本定价策略。
3. **了解**　医药电商对定价的影响因素。

第一节　医药电商价格的内涵

一、医药产品价格定义

美国营销学学者杰罗姆·麦卡锡教授在20世纪的60年代提出产品（product）、价格（price）、渠道（place）、促销（promotion）四大营销组合策略，即4P策略。价格是其中重要的组成部分，也是电商经营的重要因素。营销学通常将价格的内涵定义为：顾客为了得到单位产品或者劳务而必须支付的货币数量单位，也是为提供产品或劳务的所有者收取的费用或报酬。

医药产品价格是医药产品价值的货币表现。医药产品价格并不是绝对等于医药产品的价值，而是在产品价值的基础上波动起伏。因此，产品价格应该是产品价值的近似反映。在市场营销组合中，价格是产生收入的因素，其他因素则表现为成本，医药企业通过产品定价从创造的价值中获取收益。

互联网信息技术的不断进步与发展，为消费者的购买选择提供更多的便利与产品价格信息，医药企业、中间商、消费者等都能够更加快捷地了解医药产品价格，并做出营销决策。因此，在互联网环境下，医药产品定价策略是医药企业最富有灵活性和艺术性的策略。

二、医药电商定价特点

（一）定价全球化

互联网加速开放全球化市场，消费者可以不受地域限制，通过互联网平台进行产品购买。从过去受地域限制的局部市场，拓展到范围广泛而灵活的全球性市场。促使医药电商在对产品定价时，不仅要熟悉本地市场价格，还要放眼全球市场的差异对定价形成的影响。

1. 类似性市场定价 当医药产品的来源地和销售目的地与原来传统市场渠道类似，则可以采用原来的定价方法。

2. 差异性市场定价 当医药产品的来源地和销售目的地与原来传统市场渠道差距非常大，定价时就必须考虑这种地理位置差异带来的影响。如在美国电商平台销售的保健品，进入中国营销时，会考虑采用本地的电商平台进行销售，价格会根据中国市场的定价方法做出调整，以适应地区市场消费者需求的变化。

因此，医药企业在面对全球互联网市场时，不能用无差异性市场定价策略进行营销，可根据市场的类似性、差异性进行针对性的医药产品定价。

（二）消费者主导化

传统营销中，受市场时间与空间的阻碍，导致消费者信息不对等，消费者往往被动接受企业制定的价格及作出购买反映。在购买的讨价还价中，消费者终究处于不利地位。互联网的不断进步与推广大大降低了消费者的顾客总成本，即货币成本、时间成本、精力成本和体力成本，从而提升顾客让渡价值，增加顾客满意度。消费者获取信息的成本越来越低，消费者只需要通过互联网平台，就能够轻松获取同类产品的大量价格信息进行比对。价格的逐渐透明化导致商家由原来价格上的主动变为被动，也不再具有信息和定价优势，消费者拥有了更多选择的主动权，迫使商家不得不将产品定价为消费者更愿意接受的价格。

（三）价格趋低化

随着医药电商的应用与发展，价格越来越透明，电商产品价格趋低化。主要影响因素包括企业降低成本、消费者对价格敏感、新的交易方式等。

1. 企业降低成本 电子商务为医药产品的销售降低库存成本、店铺运营成本、消费者沟通成本等费用，多方面帮助企业降低营销成本，给医药企业带来更多盈利与降低成本空间，来满足消费者的“求廉”心理。同时，帮助企业促进医药产品销售，降低风险。

2. 消费者对价格敏感 电商的发展使消费者获得更多产品和供应商的信息，间接增强了买方的议价能力，使消费者在一定程度上对价格更敏感，传统的卖方定价逐渐向以顾客为主导的逆向定价过渡。

3. 新的交易方式 传统的交易是通过买卖进行，而互联网影响下出现许多新的交易方式，省去更多经验与沟通成本，让商品价格处于趋低化。

（四）定价动态化

动态定价是根据市场对产品的需求以及顾客的购买力来对产品进行定价。

产品价格会随渠道、产品、客户和时间变化频繁调整价格，理性的消费者也会针对这种情况，仔细权衡，然后做出购买决策。企业为了准确把握顾客的价格承受心理和需求，经常会采用动态定价。如保健品经常会在市场淡季与旺季时，进行产品价格变动，使企业淡季拉动消费，旺季提高利润。如某口服液企业，根据季节调整产品定价，有时上浮，有时下调，公司网站对客户信息的良好把握使某口服液企业能在短期内预测销售趋势，调整报价，从而实现销售收入最大化。此外，某口服液企业还能缓冲市场需求，避免供应链负荷过度，鼓励消费者接受以单定产、定制系统的购买方式。

实例分析 6－1

实例 某企业在网上药店销售复方氨酚烷胺片感冒药，零售价格定在9.8元，在感冒药市场属于价格偏高，加之企业属于小企业，知名度低，导致该感冒药销量很低。于是，企业委托策划机构调查发现，患者购买感冒药品的平均支出为8元，企业定价高于患者的期望价值。不仅如此，产品缺乏品牌推动力，单纯地降价并不一定能够带来销量额增加。策划机构调查又发现患者购买感冒治疗产品时，82%的消费者会选择购买消炎药物来消除感冒引发的嗓子发炎、咳嗽等症状，患者在治疗感冒方面的总支出在18元左右。所以，策划机构建议购买此复方氨酚烷胺片，加1角钱就可获得5元的消炎药。不但提升了产品的价值，更在促销中将企业的感冒药和消炎药顺利销售给患者。

问题 该案例给你的启示是什么？

答案解析

三、影响医药电商对定价的因素

传统营销环境下，消费者被动接受企业产品定价，而互联网信息技术扭转了传统定价策略，消费者的选择权由被动变为主动，深深影响企业的定价活动。

（一）医药电商定价目标

所谓医药电商定价目标就是医药产品的价格实现以后，医药电商要达到的具体目的。医药电商产品定价受电商定价目标影响，不能盲目或任意制定价格。电商定价的目标分为以下几种类型。

1. 以利润为定价目标 利润是医药电商生存和发展的必要条件，是医药电商为之奋斗的目标和动力。这一定价目标主要有两种形式：以追求最大利润为目标和以获取适度利润为目标。

2. 以提高市场占有率为目标 市场占有率又称市场份额，是指一个医药电商的销售额占整个行业销售额的百分比，或某个医药电商的某种产品在某医药市场上的销量占同类产品在该市场销售总量的比重。市场占有率是医药电商在市场中竞争能力的表象，反映该医药电商经营状况及其产品在市场上的竞争优势。但是，如果产品定价较低，并不能确保提高市场份额。在市场营销中，医药电商经常通过长时间的低价策略来保有或扩大市场占有率，增强医药电商竞争力，获取更高利润。

3. 以维护生存为目标 当医药电商面临生产能力过剩、竞争激烈和顾客需求变化困扰时，往往会把维持生存作为主要的追求目标。当医药电商经营状况不良时，为了保证正常生产及减少货物的堆压，通过消费者对市场的敏感，制定较低的产品价格，促进产品销售，弥补变动成本和一部分固定成本，以维持电商的正常运营或者电商生存。

4. 以适应竞争为目标 在竞争激烈的营销环境中，医药电商为了避免价格竞争导致两败俱伤，采用适应竞争作为定价目标。一般可以通过一手、二手资料，获得竞争对手产品及定价，并对同类产品进行比较，制定出适合本电商的产品价格。

采用这种定价目标的医药电商，必须经常广泛地收集资料，及时准确地把握竞争对手的定价情况，并在将本电商的产品与竞争者的同类产品作审慎比较之后，制定出本电商产品的价格，以高于、低于或等于竞争者的价格出售产品。

（二）消费者因素

互联网挣脱了地域的掣肘，让更多电商获得较为公平的竞争机会，同时也加剧了电商之间的竞争，让消费者的选择变得更加丰富。不仅如此，互联网环境还使消费者可以通过搜索引擎和网站筛选工具等，找到更优质而价格更低的产品推送，消费者对交易的控制力也在不断上升，对电子商务运营及营销产品定价产生深远影响。

第二节　医药电商定价策略

价格是产品在营销环节中的核心，医药产品价格的高低关乎医药企业盈利与否，是市场竞争中的重要手段，同时也影响着消费者的购买决策。每个消费者对产品价格都有一个心理界限，低于或超出界限，将对消费者购买产生影响，很容易改变既有的购买计划。因此，医药企业在制定医药产品价格时，要做出合理的定价策略，常用的定价策略如下。

一、低价策略

大部分消费者选择在电商平台进行购物，主要是为了节约购物成本。一是时间、精力与体力成本，网络购物能够使消费者节省去实体店购物的精力和体力，同时也帮助消费者节约购物时间，特别是工作比较忙的上班族；二是货币成本，消费者可以低成本获取最优惠的价格，购买产品。

（一）低价定价策略

企业在定价时，一般采用成本加较低利润的定价方式，有时候为了产品推广或者市场占有率，有些企业甚至在成本的基础上，零利润定价。但这并不代表定价企业一定会亏损或不盈利，电商营销的经营成本极低，当产品销售达到一定规模后，靠广告收入就足以抵消其他成本，甚至盈利。该种定价方式主要适用于价格弹性较大的日用品，如拼多多是国内移动互联网的电子商务平台，通过用户发起和朋友、家人、邻居等的拼团，以非常低廉的价格购买产品。将市场定位下沉到三四线城市、农村无电商区域，从工厂直接获取产品，省去中间商挣差价，另外还经常拿钱做补贴，用低价吸引消费者。

（二）折扣定价策略

折扣定价策略是医药企业为了鼓励顾客大量购买或尽快付款，以减少存货或增加销售额，而根据交易的具体内容和条件，给予买方一定的价格优惠或减让的一种定价策略。常见的折扣形式有以下四种。

1. 数量折扣策略　数量折扣策略是指医药电商平台根据顾客购买产品数量或金额的多少而给予不同价格折扣的一种定价策略。一般来说，购买数量越多、金额越大，折扣就越大。

2. 现金折扣策略　现金折扣策略就是医药电商平台对在约定付款期内按时付款或提前付款的顾客给予的一种价格折扣策略。帮助企业快速回流资金，或者提前做好备货准备，减少库存积压风险。例如，某阿胶膏在电商平台“双十一”电商节前，提前1周进行医药产品预售，凡提前支付20元订金的消费者，都可以在11月11日购买该产品时给予50元现金折扣。

3. 季节折扣策略　季节折扣策略是指医药企业对生产经营的季节性商品，为鼓励顾客提前或在淡季购买而给予的一种价格折扣策略。季节性产品有产品全年生产季节销售和产品季节生产全年销售两种情况。企业采用这种策略可以使企业的生产和销售不受季节变化的影响，保持相对稳定；还可以鼓励顾客早期购货，减轻企业的仓储压力，加速资金周转。如对一些有季节性进补的滋补药品的销售就可以采用这一策略。

4. 价格折让策略　价格折让策略是企业降低产品基本价格的另一种形式，包括以旧换新折让、促销折让、运费折让等。商家经常会进行类似“两件包邮”“满 88 包邮”等价格折让策略，促进消费者购买产品。

（三）促销定价策略

促销定价策略是传统营销与网络营销中最常用的一种定价策略，常用的手段包括有奖销售、赠送赠品、赠送优惠券等。企业在电商平台进行产品销售时，想要拓展市场，但医药产品的价格受诸多因素影响，不具有竞争优势时，可以采用网上促销定价策略。

实例分析 6－2

实例　A 大药房网上药店与 M 平台达成战略合作，双方将以互联网 O2O 为切入点，在双平台、线上线下打通流量与用户。A 大药房为了吸引消费者购买，经常会进行不同形式的促销活动，如满减活动（满 49 减 32、满 67 减 35）、打折（8.8 折、9 折）、买赠活动（买一送一、买三送一）。

问题　以上促销活动，属于哪些运用了哪些定价策略呢？

答案解析

即学即练

答案解析

“今日购买第二杯半价”属于什么策略？（　）

A. 数量折扣　　B. 现金折扣　　C. 季节折扣　　D. 价格折让

二、定制生产定价策略

定制生产定价策略是指在企业能实行定制生产的基础上，利用网络技术和辅助设计软件，帮助消费者选择配置或者自行设计能满足自己需求的个性化产品，同时承担自己愿意付出的价格成本。这种允许消费者定制定价的尝试还只是初步阶段，消费者只能在有限的范围内进行挑选，还不能完全要求企业满足自己所有的个性化需求。如护理床产品，可以根据使用者需求，定制半侧翻、全侧翻、企背、抬脚、落脚等功能，选择购买是否要独立式餐桌板，是否需要输液架、洗头盆、便盆、护栏等。

三、差别定价策略

差别定价策略又称需求差异定价策略，是指企业在给产品定价时根据不同的需求强度、不同的购买力、不同购买时间等因素，制定不同的价格。这些不同的因素导致商品具有不同的价格差异，这种差异并非以成本差异为基础，而以顾客需求差异为基础。它体现了定价的灵活性。差别定价策略有以下几种形式。

1. 以顾客为基础的差别定价 指企业对同一产品，针对消费者不同的需求，制定不同的价格。例如，商家会给店铺会员享受不同程度的优惠，对非会员实行正价，会员购买一定金额的产品，可以享受产品满减购买等活动。

2. 以产品式样为基础的差别定价 指企业对同一产品，根据不同的式样、花色、规格等，制定不同的价格，并且这种价格上的差异与成本差异不成比例。它主要反映了消费者对产品额外的心理需求。例如，保健品同一产品，制定为礼品包装和经济包装，同样的产品在价格上有较大区别。

3. 以时间为基础的差别定价 指企业对同一产品在不同季节、不同时间、不同日子，可以制定不同价格。例如，药店在会员日的促销活动中对某些药品的优惠价格，产品在销售淡、旺季的价格差别也存在差异。

四、拍卖竞价策略

经济学家认为拍卖竞价是由市场形成的最合理的价格方式，网上拍卖由消费者通过互联网轮流公开竞价，在规定时间内价高者得。根据供需关系，网上拍卖竞价方式有以下几种。

（一）竞价拍卖

C2C 交易经常使用竞价拍卖，涉及内容包括二手货、收藏品，也可以是普通商品以拍卖方式进行出售。如某企业的蛋白粉保健品，还有 8 个月到保质期，可以将产品低价放到网上拍卖。

（二）竞价拍买

竞价拍卖的反向过程，消费者提出一个价格范围，求购某一商品，由商家出价，出价可以是公开的或隐蔽的，消费者将与出价最低或最接近的商家成交。

（三）集体议价

集体议价的策略是多个零售商联合起来向批发商或是生产商以数量换价格的方式。互联网出现后，使得普通的消费者能使用这种方式购买商品。集合竞价模式，是一种由消费者集体议价的交易方式。

个体消费者是拍卖市场的主体，消费者市场是拍卖竞价的主要购买群体。并不是所有企业都适合该种定价方法，因为拍卖竞价可能会破坏企业原有的营销渠道和价格策略。适合采用网上拍卖竞价的产品一般为企业积压的库存产品或者企业新产品需要通过拍卖展示以促进产品知名度，也有的企业通过低廉产品价格进行网上拍卖，以此引起消费者关注与购买。

五、参与式定价策略

传统定价法下，医药电商通常会结合自身成本、消费者需求、电商竞争等情况制定价格，由消费者决定是否愿意购买并支付。而参与式定价策略，实质上是让消费者自己定价，从某种程度上加大了消费者对价格对比的难度，同时也吸引到消费者的关注。企业将产品定价权给消费者，让消费者自己报价。虽然参与式定价策略方法与拍卖竞价方式有类似之处，但不同于拍卖竞价。首先，消费者的选择性较多，参与式定价产品并不是稀缺产品，竞争较少；其次，没有参考价格比对，拍卖竞价会有起始报价、估价等，而在参与式定价中，不遵循价高者得原则，反而在产品较少的情况下，采取谁先能够报价在设定价格以上，就能优先获取产品。

六、免费价格策略

（一）免费价格策略的内涵

免费价格策略是市场营销中常用的营销策略，指的是企业为顾客提供低于成本的价格或者免费价格的产品或者服务，以满足顾客需求。传统营销中，企业会短期、临时性或限定人数使用免费价格策略。而在网络营销中，免费价格策略会分为短期和长期，如某药店可为消费者提供免费的问诊及开具处方服务。采用免费价格策略，有利于医药产品销售，扩大销售范围，促进医药产品成长及市场占有率，为未来市场发展打下基础。

（二）适用免费价格策略的产品特性

1. 数字化产品　互联网是数字传输的信息交换平台。数字化产品区别于传统产品，不需要在生产、交通运输、包装等方面产生成本花费，只需要通过互联网就可以实现零成本的传输。消费者可以在互联网上自由下载企业上传在网站上的数字产品。如此，企业就可以低成本地实现产品推广，大幅度地减免产品推广费用。如 QQ 音乐、百度云、360 安全卫士等。

2. 无形产品　适用于免费价格策略产品，往往是需要一定载体才能表现出形态的无形产品。如 APP、音乐制品、信息服务等，数字化信息技术将无形产品通过网络传输。

3. 成长性　采用免费价格策略产品一般都是希望通过产品来快速占领市场，为企业未来市场发展打下坚实奠基。如 WPS 办公软件，市场占有率从 2014 年的 3.37%，提高到 2016 年的 11.44%，2020 年市场占有率 90% 以上。

4. 间接收益性　适用免费价格策略的产品，虽然省去了大量产品生产成本、固定成本、流通成本，但电商环境竞争激烈，只有不断开发与更新产品，才能获得消费者青睐，因此需要投入大量人力和资金。如果没有间接受益，是不能保证公司长期的采用免费价格策略，大部分企业都通过其他渠道获得间接受益。如大家都熟悉的百度公司，是国内最大的搜索引擎服务公司，为大量用户提供免费的搜索服务。事实上，百度的免费服务，已经让他拥有了非常庞大的顾客群体，而该顾客全体又为百度搜索引擎实现营销传播提供良好的机会。百度公司因此通过竞价排名等方式来获取间接受益。

并不是所有的产品都适合于免费定价策略。受企业成本影响，如果产品开发成功后，只需要通过简单复制就可以实现无限制的生产，使免费商品的边际成本趋近于零或通过海量的用户，使其沉没成本摊薄，这就是最适合用免费定价策略的产品。免费价格策略如果运用得当，便可以成为企业的一把营销利器。

知识链接

药品电商常用的报价策略

医药企业制定科学的价格策略，同时也需要合理的报价技巧。常用的报价模式主要有以下几种。

1. 固定报价　即一口价，指产品的定价固定不可变动。

2. 统一报价　企业将产品的价格统一制定。

3. 折扣报价　电商为了刺激消费者购买产品，采取的鼓励行为。如提前付款、三件八折等。

4. 分解报价　指产品价格的组成部分分解成一个价格组。

5. 比较报价　电商平台在标示某件商品价格时，会同时显示会员价、市场价、折扣价、到手价、折扣率等信息。

实践实训

实训六　制定医药电商定价策略

【能力目标】

能够针对不同医药产品，选用科学合理的定价策略。

【任务描述】

以组为单位，由老师选取一款药品，请同学根据不同的电商平台，为该药品制定定价策略。

【任务实施】

步骤1　选取代表性电商平台

各组通过小组共同讨论，选取B2B、B2C、C2C、O2O代表性电商平台进行分析，选取医药电商平台的小组加分。

步骤2　制定定价策略

各组针对所选取的电商平台及医药产品的市场营销环境、竞争者价格、各自的优劣势等进行分析，制定合适的价格策略。

步骤3　汇报展示

各组选派代表上台将各组的分析结果进行汇报展示，说明分析的过程和结果得出的依据。

答案解析

目标检测

一、最佳选择题

1. 美国营销学学者杰罗姆·麦卡锡教授提出四大营销组合策略，即产品、价格、渠道和（　）
   A. 促销　　B. 打折
   C. 低价　　D. 价值
2. 医药产品价格是医药产品价值的（　）表现
   A. 最佳　　B. 货币
   C. 价格　　D. 优势
3. 当医药产品的来源地和销售目的地与原来传统市场渠道类似，则可以采用（　）定价
   A. 差异性市场　　B. 类似性市场
   C. 同质市场　　D. 异质市场
4. （　）指的是企业为顾客提供低于成本的价格或者免费价格的产品或者服务，以满足顾客需求
   A. 差别定价策略　　B. 拍卖竞价策略
   C. 免费价格策略　　D. 参与式定价策略
5. （　）指医药电商平台根据顾客购买产品数量或金额的多少而给予不同价格折扣的定价策略
   A. 低价策略　　B. 价格折让

C. 现金折扣　　D. 数量折扣策略

二、简答题

1. 医药电子定价的特点是什么？
2. 影响医药电商定价的因素有哪些？

书网融合……

知识回顾　　习题

第七章　医药电商渠道策略

PPT

学习引导

人们经常说："渠道为王"，网络营销渠道是整个市场经营组合的重要组成部分。选择正确的分销渠道，能够帮助营销者及时、有效地把医药产品提供给消费者，并满足消费者的需求；另一方面有利于营销者扩大医药产品销量，降低医药产品营销及交易成本。掌握网络分销渠道的概念、类型、优点及策略等，能够帮助企业产品顺利完成从生产领域到消费者领域的转移，是企业获得营销成功的关键因素之一。

本章主要介绍医药电商营销渠道的概念、医药电商营销渠道的构成要素、传统营销渠道与电商营销渠道的区别、网络营销渠道的类型、医药电商营销渠道选择的原则、分销渠道选择的步骤、渠道的管理。

学习目标

1. **掌握**　医药电商营销渠道的定义、构成要素及分类。
2. **熟悉**　传统营销渠道与电商营销渠道的区别。
3. **了解**　医药电商营销渠道选择的原则、步骤及管理。

第一节　医药电商营销渠道

一、概述

（一）传统营销渠道的概念

美国市场营销学家菲利普·科特勒认为："营销渠道是指某种货物或劳务从生产者向消费者移动时，取得这种货物或劳务所有权或帮助转移其所有权的所有企业或个人。"

分销渠道就是产品或劳务从生产者领域向消费者领域转移过程中所经过的路线和通道。分销渠道有广义和狭义之分。狭义的渠道仅指各类批发商和零售商；广义的渠道除包括狭义的含义外，还包括协助提供储存、运输等物流服务的辅助企业（运输公司、仓库），促成资金流的银行、保险公司等商业服务机构，以及促成销售的广告公司、销售调研公司、咨询公司等销售服务机构。

（二）医药电商营销渠道

医药电商营销渠道是指医药企业凭借计算机和网络技术等现代信息技术，将医药产品或服务从生产者向消费领域转移过程中的路线和通道。与传统营销渠道不同的是，医药电商营销渠道的具体形式，因为网络中间商的作用与功能发生了较大的改变。一方面，企业为消费者的购买选择提供了更加全面和多样的产品及服务信息；另一方面，消费者在医药电商营销渠道选择并进行交易，交钱与交货存在时间差，需要借助网络中间商帮助完成产品所有权的转移。因此，医药电商营销渠道并不是依靠不同层级的中间商进行产品的分销，而是借助网络中间商，网络中间商具备交易职能、营销沟通职能、物流职能，见图 7－1。

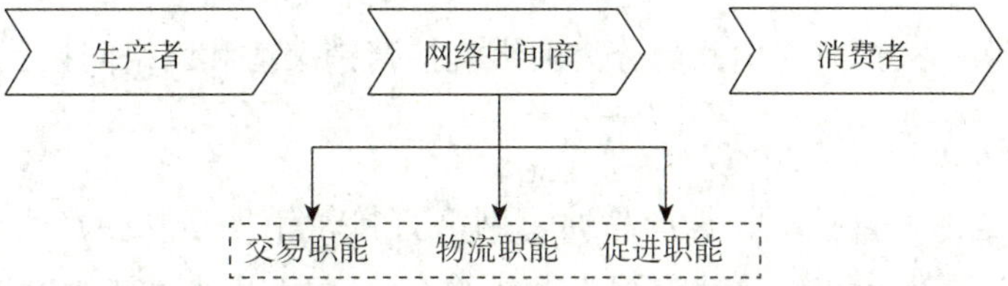

图 7－1　医药电商营销渠道结构图

知识链接

医药电商营销渠道监管

医药行业是国家的特殊行业之一，医药企业通过电子商务技术，在电子商务平台进行医药产品的流通，在获得公平、透明的渠道市场的同时，药品的购销行为也会通过现代化的信息采集手段记录下来，并经过相应的信息处理后成为各级相关政府部门执法监督的依据。医药电商营销渠道的建立，不仅可以提高药品流通的效率、降低药品流通的成本，还对规范药品生产、流通、销售起到重要的作用。

二、构成要素

医药电商营销渠道应具备医药分销渠道的结构流程，包括实体流、所有权流、信息流、促销流、支付流等。消费者可以在医药电商平台进行产品信息获取、选择满意的医药产品及服务、进行线上下单、线上支付等购买活动；营销者可以在线上进行医药产品宣传及销售、处理顾客订单、通过完整的物流系统将医药产品或服务送达到消费者手中，形成完整的网络购物闭环。完整的网络营销渠道系统应满足医药产品营销、支付及物流功能，包括网络前台系统、网络后台系统和外部接口系统。

（一）网络前台系统

网络前台系统指消费者通过网络浏览器可以直接看到的部分，包括会员注册、购物区、支付、用户评价等基本信息。其中，购物区是医药产品销售的核心区域，营销者可以根据消费者的认知规律将商品进行分类。大部分药店按照分类的方式发挥功能产品组合为产品线，一般设置为感冒用药、胃肠用药、皮肤用药、妇科用药、营养保健等。

（二）网络后台系统

网络后台系统指消费者通过网络浏览器不能直接看到的部分，包括消费者管理、网站维护、订单处理、支付查询、库存管理、售后服务与管理等内容。

（三）外部接口系统

外部接口系统是指独立于网络中间商、消费者之外的第三方，包括网络安全认证中心提供的 CA 接口，用于提供安全保证及身份确认。银行提供的支付网关接口，用于满足在线支付的需要。物流企业提供的物流配送服务，用于满足销售后的物流配送。

三个系统形成了一个完整的网络销售系统，有效保障营销渠道的商流、信息流、物流、资金流等功能的实现，缺一不可。

三、网络营销渠道的类型

网络营销渠道的类型，根据有无中间商分为网络直接营销渠道和网络间接营销渠道。

（一）网络直接营销渠道

网络直接营销渠道也称为直接法，是产品通过网络直接营销渠道从生产者转移给消费者或者使用者，不存在中间商。生产者既可以自己建设网络营销平台，也可以借助其他建设成熟的网络营销平台，实现生产者与消费者营销的“无缝对接”。网络直接营销渠道比较适合大批量产品及生产资料交易。

（二）网络间接营销渠道

网络间接营销渠道也称间接法，是指生产者通过融入互联网后的中间机构把产品销售给消费者。但与传统中间商分销渠道不同的是，传统间接分销渠道拥有一个或一个以上中间商，而网络间接营销渠道只有一个中间环节。一般适用于小批量产品及生活资料的交易。

四、传统营销渠道与电商营销渠道的区别

（一）作用区别

传统营销渠道的作用是单一的，它仅仅是医药商品从生产者向消费者的转移通道。消费者无法从渠道中获得其他东西，只能依赖于产品自身品质、广告或其他媒体信息，获得医药商品信息，通过直接或间接的分销渠道进行医药商品的购买。

网络营销渠道的作用是多方面的，主要作用有三个方面。

1. 信息传播 网络营销渠道可以帮助企业发布企业概况、产品信息、用户评论等。网络营销采用了交互式双向信息的传播方式，企业与消费者之间的沟通及时、充分，消费者在信息传接的过程中可主动查询自己需要的信息，也可以反馈自己的信息。

2. 销售产品 用户可以在网络营销平台了解产品，并进行便捷支付购买医药商品。同时，企业也可以为消费者提供更为快捷的服务与售后。

3. 交流平台 网络营销渠道为企业间洽谈业务、信息交流、产品销售提供网上商务活动平台。

（二）结构区别

传统营销渠道根据是否有中间商，将渠道分为直接分销渠道和间接分销渠道。由生产者直接将医药商品转移给消费者的营销渠道叫做直接分销渠道；由生产者间接将医药商品转移给消费者的营销渠道叫做间接分销渠道，其中至少有一个或一个以上的中间商。根据中间商数量，也可以将营销渠道分为不同级别，一级、二级、三级或者更高级数。

网络营销渠道也可以分为直接或间接分销渠道，但结构更简单。网络营销直接分销渠道和传统直接分销渠道一样，没有中间商。而网络营销间接分销渠道，中间只有一级分销渠道，即由生产者到商务中心到消费者的营销渠道，不存在多级分销渠道。

（三）成本差别

相比传统营销渠道，网络营销渠道减少了流通环节，有效降低了营销与交易成本。如企业在网上发布信息，将产品直接销售给消费者，并在网上直接接受医药商品订单，按需生产，实现“零库存”管理。网络营销渠道消除了传统营销渠道的弊端，加快信息流通。生产者与消费者之间成功地实现了直销或者一级间接渠道销售模式，大大拓宽销售范围，节省了业务员、仓储、营业场所等方面的费用。从而降低成本，使产品具有价格竞争力。

第二节 医药电商营销渠道决策

一、医药电商营销渠道选择的原则

好的营销渠道应该是产品流通速度快、服务质量好、流通费用低、市场占有率高、顾客购买方便的集合。医药企业在选择电商营销渠道时应遵循如下原则。

1. 畅通高效原则 渠道的选择首先应该满足物畅其流、经济高效的原则。产品的流通时间、速度和成本是电商营销渠道效率评估的重要因素。因此，畅通的电商营销渠道能够保证产品流通的不间断性和时效性，以使企业的商品不间断地、及时地、顺畅地进入消费者的手中，并促成现金回流企业。

2. 相互统一原则 医药企业在选择分销渠道时，还应充分考虑渠道、价格策略、促销策略等之间的协调性，做到相互统一，相互促进。

3. 协调和平原则 渠道成员之间会产生冲突、竞争及合作，作为网络营销渠道的领导者，不能只考虑自身利益最大化，应有效引导网络营销渠道成员充分合作，尽可能避免冲突的发生，解决矛盾，思想统一，共同完成总体目标。

4. 发挥优势原则 企业在选择分销渠道时，要注意发挥企业各个方面的优势，增强营销组合的整体优势，争取在竞争中处于有利的地位。

5. 稳定可控原则 企业一般轻易不会更换渠道成员，更不会随意转换渠道模式。只有保持渠道的相对稳定，才能进一步提高渠道的效益。畅通有序、覆盖适度是分销渠道稳固的基础。

二、分销渠道选择的步骤

（一）确定渠道模式

渠道模式的选择，首先应确定选择网络直销渠道还是间接渠道。其次，根据三个方面的客观情况进行渠道选择。

1. 医药产品的属性特点 并不是每样医药产品都适合数字化，可以直接通过互联网传输。大部分医药产品是适合数字化的，可以直接通过互联网传输。有些产品与服务还需要依赖传统渠道来实现货物的空间转移，因为医药产品的特殊性，受法律法规的约束，导致部分产品如疫苗、血液制品、麻醉药品、精神药品、医疗用毒性药品、放射性药品、药品类易制毒化学品等国家实行特殊管理的药品，无法通过网络营销渠道进行营销。

2. 企业规模和分销范围 小型企业一般选择直接分销。大企业一般拥有独立的分销体系，会选择依据产品和市场情况进行分销体系长短判断。

3. 市场状况 为了加强对市场的影响，如果目标市场需求潜力较大、竞争压力较高，企业更倾向选择直接分销。反之，选择中间商进行分销的可能性更大。

答案解析

即学即练

所有的医药产品都能够借助互联网营销渠道进行销售？（ ）

A. 对　　B. 错

（二）渠道建设

网络销售对象的差异性与企业经营方向的不同，网络营销渠道和传统分销渠道之间有很大的区别。网络营销渠道为企业了解消费者购物需求、习惯、价格等信息提供了有效途径和信息化平台，医药企业可以根据所获得的消费者购买信息，更好地维护和拓展客户，实现精准营销。同时，消费者也能获得更加全面、丰富、及时的医药商品信息，包括商家价格对比、促销活动、购买等。一般来说，网络营销渠道有多种模式，主要的模式有 B2B、B2C 和 O2O 三种。

1. B2B 是进行数据信息的交换、传递，开展交易活动的商业模式。它将医药企业内部网和企业的产品及服务，通过医药 B2B 平台或移动客户端与客户绑定在一起，建立快速反应的网络系统，为商家提供更好的服务，从而促进企业的业务发展。B2B 模式为医药产品信息提供展示平台，帮助下游商家快速查找目标产品，继而增加线下交易的频次，其功能定位更类似于企业官方网站。医药 B2B 平台是随着互联网发展产生的新型销售渠道，通过将医药产品信息整合，建立较为完整的产品信息资源库，帮助下游商家收集信息，经过平台促成线上交易，让原本的线下交易互联网化。而平台可以在其间获取信息服务费，类似于搜索引擎或者门户网站，如九州通、国药控股医药电子商务交易平台等。

根据医药 B2B 平台交易类型特点，可以将 B2B 平台分为垂直、综合、自建和关联几种模式。

①垂直模式：面向医药制造业或医药零售的垂直交易，可以分为两个方向，即上游和下游。由医药原料供应商与医药生产商形成的上游渠道关系；由医药生产商与医药中间商、零售商形成的下游渠道关系。具体的形式是通过企业网站，开设虚拟商店，通过宣传自身产品，让更多的客户了解和关注产品，促进交易。或商家在自己的网站上宣传自己经营的商品，目的也是用更加直观、便利的方法促进和扩大商业交易。如珍药材药品交易平台。

②综合模式：面向中间交易市场的 B2B 平台，并没有自己的产品，也不是经营医药产品的商家，它是将各个行业中相近的交易过程集中到一个平台。因此，无论是医药企业的采购方还是供应方，都可以通过平台进行医药商品买卖。如未名企鹅，就是一家综合的大健康领域电商交易平台，该企业没有自己的产品，却服务全国数十家药店、诊所、医院，上万家医药商业公司以及数千家药厂。帮助药厂、商业公司扩展线上销售渠道，有效降低销售及交易成本，提高成交量。同时，也为药店、诊所提供更丰富的品种、品规以及更低的进货价格。

③自建模式：一般是由大型行业龙头企业自建，利用自身信息化建设程度，建立自上而下的产品互联网销售渠道，该平台将行业产业链串联起来，通过该平台，帮助供应链上下游企业进行信息、沟通及交易。

④关联模式：行业为了提升电子商务交易平台信息的广泛程度和准确性，整合综合 B2B 模式和垂直 B2B 模式而建立起来的跨行业电子商务平台。

2. B2C 是通过自建 B2C 官网或在天猫、京东等平台建立官方旗舰店的方式进行医药产品销售，其主要的经营特点是竞价，缺点是利润率低且用户体验差。但随着互联网电子处方、分级诊疗、药品网络零售的放开，医药电商 B2C 营销渠道逐步被市场认可。

3. O2O 是一种融合线上与线下的新型网络营销模式，让线下的营销与互联网进行结合，把线下交易转变为线上交易模式。O2O 电商平台的特点是全渠道、全触点的客户体验，融合虚拟与现实体验。O2O 电商平台的目标是实现价值共享，创新金融服务，改变供应链模式，再造商流、物流、信息流和资金流等服务渠道，从而更加满足消费者的不同需求，有效地解决用户对信息互通、药品质量、物流及客户体验上的诸多顾虑。平台通过线上营销、宣传、推广，将客流引到线下去消费体验，实现交易，再通过线下用户将消费的体验反馈到线上，实现闭环。随着互联网的不断优化，O2O 电商平台也在医药领域迅速发酵，医药 O2O 电商平台的便捷与安全，正逐步被消费者认可，市场已初步完成了消费者教育，更多的年轻消费者选择 O2O 电商平台作为购买药品第一渠道。如美团、饿了么分别开设送药上门服务，对医药市场的渗透率提升，消费者复购率非常高，一旦客户体验后，大部分消费者会持续下单。

实例分析

实例 A 网站是一家定位于全球药用原料产业链服务的电商平台，主营原料药、中间体、药用辅料、天然提取物、中药材及特色原料药六大品类，业务涵盖资讯、现货、文号技术、资金、众筹、储运等六大综合板块业务。该网站整合了全球药用原料行业上游企业及产品资源，优化药用原料产业链结构，为药用原料上下游企业创造新的利润增长点及更大的产品附加值，同时也符合国家供给侧改革的宏观政策。

问题 A 网站属于哪种模式的网络营销渠道？

答案解析

（三）评估中间商

中间商的选择是否合理，对生产企业的产品进入市场、占领市场、巩固市场和培育市场起着关键性的作用。而中间商的选择是否合理又完全依赖于对每一个相关中间商的评估。在评估中间商时应认真分析中间商的服务对象、经营范围、销售能力、服务水平、原有的营销网络、运输能力、财务状况、信誉及管理水平、合作诚意、网络营销策略等方面。

三、渠道的管理

医药营销渠道并不是建立就可以顺利运行，需要正确的管理，才能保证原设立的分销渠道有序、有效运行。在这个系统中，既有生产商，又有中间商，构成了一个复杂的行动体。这些经济组织的目标、任务往往存在矛盾，当渠道成员对计划、任务、目标、交易条件等出现分歧时，就必然出现冲突。在营销渠道中，有效地避免渠道冲突，能够帮助企业清除营销障碍，实现自身的目标。

（一）渠道冲突的表现类型

按照渠道成员关系，可以把渠道冲突分为水平渠道冲突、垂直渠道冲突和多渠道冲突三类。水平渠道冲突指的是同一渠道模式中，同一层次中间商之间的冲突，比如某地区不同药品代理商之间的冲突。垂直渠道冲突指在同一渠道中不同层次企业之间的冲突，比如药品生产企业与药品批发企业之间的冲突。多渠道冲突是指生产企业建立多渠道营销系统后，不同渠道服务于同一目标市场时所产生的冲突。

渠道冲突的原因包括以下两种。

1. 目标冲突 生产者与中间商经常会因为各自的利益不同产生冲突。生产者希望中间商更少的佣金和折扣申请，以便投入更多的资金用于产品促销，获得中间商更好的服务和更高的市场占有率。而中间商希望获得更高的价格折扣、交货速度、佣金及更低的成本。

2. 责任争端 对于顾客管理、区域分销、服务功能和技术运用，都会存在责任争端。网络营销的不断变换，技术的不断更迭，拉近生产者与消费者之间的距离，让产品流通更频繁，降低成本，但也阻碍了原有的渠道发展。特别是生产者从网络间接渠道转变为直销渠道，责任争端主体也从中间商向生产者转变，主要争端体现在顾客沟通、订货、物流、顾客信息等方面。如网络直播销售让更多的生产商选择在网上直接供货的同时，也损害了中间商的利益。

（二）网络营销渠道的控制

企业除了选择和评估中间商，还要时刻对网络营销渠道加以控制。由于中间商一般独立于生产者而存在，大部分不仅经销一个品牌产品，它可能同时经销很多相同或相近的产品，为多家生产商服务。生产者不能保证中间商完全听命于自己，具有不可控制性。为此，生产者必须根据自己营销目标的需要，充分考虑分销渠道的可控性。中间商在理解和执行生产商的促销方案、维系与顾客的关系、了解产品的技术细节等方面可能无法达到自销的标准要求，企业应预料到分销渠道的这种不可控性，采用相关的方法和手段回避、减少其给企业可能带来的风险。企业采用直接渠道控制力虽然较强，但受人力资源、成本、市场规模等诸多因素影响，相对于中间商营销市场覆盖面较窄，不可能完全自销。企业可以通过对中间商的培训、沟通、权利与义务关系、建立特许经销商或特约代理商等手段来加强对分销渠道的控制。

（三）激励渠道成员

激励渠道成员是渠道管理中最基本的内容，它是指生产者在中间商选定之后，为促进渠道成员实现渠道目标，使之不断提高业务经营水平而采取的一切措施或活动。为激发渠道成员的经营积极性，生产者对中间商采用的激励措施很多。

1. 直接激励 直接激励是指生产企业以物质或金钱作为奖励刺激渠道成员，如给予合适的价格与折扣激励，合适的价格不仅有助于市场销售，而且会使中间商获得相应的利润。对中间商进行奖惩激励，中间商的药品销售累计到一定数量，或是经销商实现当月回款时，给予它们一定数量的返利；相反，当中间商没有达到合同约定的销售量或不按期回款时，则给予一定的惩罚。给予广告支持，非处方药品生产企业可通过负担广告费用，或者与中间商合作广告等形式，扩大企业和品牌的知名度，以促进市场销售。处方药品生产企业则应在能力范围内进行学术推广，提高药品知名度，以促进临床使用量的提高。

2. 间接激励 间接激励是指生产企业通过非物质或非金钱奖励激发渠道成员的经营积极性。医药生产企业可提供技术指导、宣传资料、举办产品展示会、指导商品陈列，给予中间商信息支持。通过培训分销渠道成员，增强医药中间商对本企业的信任度，提高其营销水平，扩大本企业产品的销售，提升销售业绩，建立与医药中间商稳定、持久的战略伙伴关系。

实践实训

实训七 掌握渠道的模式和构建

【能力目标】

能够根据企业网络销售对象的差异性与经营方向的不同，选择正确的渠道模式，并进行构建。

【任务描述】

登录淘宝、京东等电商平台，观察与分析 3 家平台上药品营销店铺的营销渠道模式和渠道构建，并撰写调查报告。

【任务实施】

步骤 1 选取代表性药品经营店铺

各组通过小组共同讨论，选取具有代表性电商平台店铺进行分析，选取 3 家药品营销店铺。

步骤 2 电商营销渠道模式和构建分析

各组针对所选取的商铺，分析渠道模式和构建，撰写调查报告并制作 PPT。

步骤 3 汇报展示

各组选派代表上台将各组的分析结果进行汇报展示，说明分析的过程和结果得出的依据。

目标检测

答案解析

一、最佳选择题

1. 营销渠道是指某种货物或劳务从（ ）向消费者移动时，取得这种货物或劳务所有权或帮助转移其所有权的所有企业或个人

A. 生产者　　B. 中间商
C. 政府　　D. 商家

2. 网络中间商具备交易职能、营销沟通职能和（ ）

A. 支付职能　　B. 销售职能
C. 物流职能　　D. 促销职能

3. 医药 B2B 平台交易类型特点，可以将 B2B 平台分为综合、自建、关联类型和（ ）

A. 上下　　B. 垂直
C. 交叉　　D. 横向

4. 完整的网络营销渠道系统，包括网络前台系统、网络后台系统和（ ）

A. 物流系统　　B. 沟通系统
C. 维修系统　　D. 外部接口系统

二、判断题

生产者能够很好地控制中间商，保证中间商听命于自己。（ ）

三、简答题

1. 医药电商营销渠道选择的原则是什么？
2. 渠道冲突的表现类型有哪些？

书网融合……

知识回顾　　习题

第八章　医药电商促销与推广策略

PPT

学习引导

随着政府政策法规的出台和修正，医药电商行业在近几年迎来了新的发展机遇。在互联网的大浪潮下，如何快速抓住时机，利用互联网思维来重塑行业，实现转型升级，是所有医药企业必须深入思考的一个问题。随着“互联网＋”的政策、技术、平台、服务的不断发展，“互联网＋”的模式不断创新，在互联网的持续影响和渗透下，医药行业如何进行促销和推广策略的选择，掌握电商促销方式和技巧进行有效促销将显得尤为重要。

本章主要介绍电商大促活动策划、医药电商文案写作、医药电商线上推广策略的有关内容。

学习目标

1. **掌握**　电商网站促销的关键绩效指标评价指标；医药电商文案常用写作技巧；常用医药电商线上推广策略。

2. **熟悉**　电商促销策划的基本要求和主要内容。

3. **了解**　电商促销策划的基本步骤和执行过程；医药电商文案推广应用实例。

第一节　电商大促活动策划

在医药电子商务活动中，要取得良好的业绩，一要选择好促销的切入点。要采用方便、快捷，有利于达成购买行为，有利于持续提升品牌忠诚度，有利于拓展消费群体，有利于开发衍生服务的促销手段；二要做到持续提升消费者的购买欲望，在消费群体设定、销售时机选择、销售价格确定等方面讲究策略；三要不断满足目标客户的消费新需求，要重视培育产品特色、营造产品优势，提升服务质量。为达成上述目标，要运用关键绩效指标（KPI）评价方法适时调整促销行为；要按照电商促销策划的基本要求和步骤，精心策划促销内容，抓好策划方案的落实和执行。

一、电商促销的切入点

电商促销是围绕特定消费群体设定的，需要考虑消费群体的消费行为在不同的时间和场景条件下，对促销商品及其附加服务的复杂体验和不同感受。要达成电商促销的成功，需要从目标定位、价值提升、细节优化等方面切入。

首先，要做到目标人群定位和场景选择准确，让受众感觉自然顺畅。目标人群与产品及服务的契合度要高；场景可以是推广的渠道和媒介，也可以是线下的场所。

其次，要让受众真切地感受到促销活动的价值并产生购买欲望。这个价值可以是产品价格优惠，可以是性价比高，可以是感受独特，也可以是认知颠覆等。

最后，要做到电商促销活动的细节体验优秀，了无瑕疵。电商促销的活动细节与受众的感受直接相关，并最终决定着活动目标能否实现，活动策划者一定要给予足够的重视。

具体的电商促销切入点可以考虑以下几方面。

电商促销一般会围绕会员而设定不同的会员主题活动。围绕目标客户的需求推出定位准确、价值可观、体验良好的促销活动，有利于在活动的后期甚至结束后仍然可以沉淀和积累客户。

在电商促销策划中，要考虑到目标客户消费心理会随时间变化而出现波动与转移。如一些以季节为销售节点的促销活动，要特别注意通过销售季前期的铺垫，在季中更好地激发客户购买需求；此时要注意主推当季商品，以提高利润和销量。在季末，伴随消费者需求的下降，要检查是否存在库存压力。如果存在，就要借助季末最后的销售机会，抓紧清仓。

在我国，各个节假日往往蕴含有鲜明的文化特色，并易激发消费者特别是青年人的消费欲望；同时，节假日还从时间和资金等方面给消费行为提供了实现机会和保障。电商促销要特别注意借助不同的节假日，主动寻找甚至创设出与促销产品、服务相关的消费热点。

二、电商网站促销的关键绩效指标评价指标

关键绩效指标（key performance index，KPI）是通过对组织内部某一流程的输入端、输出端的关键参数进行设置、取样、计算、分析，以衡量流程绩效的一种目标式量化管理指标；它是把企业的战略目标分解为可运作的远景目标的工具，是企业绩效管理系统的基础。

KPI 是现代企业中受到普遍重视的业绩考评方法，有助于明确企业各部门的主要责任，并以此为基础，进一步明确部门人员的业绩衡量指标，从而使业绩考评建立在量化的基础之上。建立明确的、切实可行的 KPI 体系是做好绩效管理的关键。

关键绩效指标指明了各项工作内容所应产生的结果或所应达到的标准。最常见的关键业绩指标有三种：一是效益类指标，如资产盈利效率、盈利水平等；二是营运类指标，如部门管理费用控制、市场份额等；三是组织类指标，如满意度水平、服务效率等。

答案解析

即学即练 8－1

最常见的关键绩效指标有（　）

A. 效益类指标　　B. 营运类指标　　C. 组织类指标　　D. 形象类指标

电商网站促销的 KPI 评价指标具体如下。

1. 访问量　网站的访问量越高，说明越多的潜在客户关注所考核企业的商品，该企业可能会拥有更高的转化率。访问量能衡量营销活动是否产生了成效，同时反映出电商市场的波动，让该企业根据上述数据及时做出相应的销售计划和策略调整。

2. 转化率　较低的转化率意味着所考核企业的营销力度不够、产品不符合市场需求；此外，也可能是因体验糟糕或结账流程繁琐而影响到顾客的购买行为实现。

3. 页面访问数量 每个访客平均访问页面的数量是一个关键指标，它与用户体验的满意度和网站内容息息相关。如果顾客喜欢他们看到的东西，他们会在网站停留更久时间并最终将其转化为实际的购买行动。

4. 跳出率 跳出率指仅仅访问了单个页面的用户占全部访问用户的百分比，只要访问者在离开网站前点击一次页面的任何链接，那这就不会被计入跳出率中。这是测试不同产品页面和营销力度的最好的测量标准。跳出率越高说明该网站对访问者的吸引力越低，当跳出率达到一定的程度时，就说明网站需要优化或页面更新了。

5. 平均订单价值 通过衡量每个订单的成本和平均订单价值，可以辨别营销活动的成效。平均订单价值越高，说明营销活动的效果越显著，促销活动的策略更准确。

6. 归因（attribution） 进行营销归因分析，可以更清楚地了解客户在转化路径上与商家的品牌所具有的所有不同接触与作用点，可以使商家更全面地了解促成转化的渠道和因素，从而对投资和投入进行合理的调整。如经过归因分析，发现有的渠道成本高，但收益小，这时就要将资金投入到回报率更高的地方。

7. 单个访客价值（RPV） RPV 有助于让我们了解每位访客的平均价值。为了给网站带来更多流量，需要对其进行一定的资金投入。通过竞品分析，如果发现某一访客的 RPV 比竞争者更高，那它的投资效率也就越高，就值得更多地予以关注。

8. 购物车放弃率 访客已经浏览了网站并选择了产品，但就在最后一秒选择了放弃，离开了该网站。为了提高收益，可以通过以下技巧减少购物车放弃率：①消除或减少额外成本，并直截了当地指明相关费用；②减少结账表单并使其更易操作；③使用权威性的认证标志；④提高网站运行速度和强化其功能；⑤制定明确的退货政策；制定和实施挽回购物车邮件策略等。

9. 收入 收入是衡量业务发展状况的重要标准，是评价营销活动是否有效的根本指标。进行 KPI 评价一定要重视对收入指标的分析。

三、电商促销策划的基本要求和主要内容

（一）基本要求

1. 主题突出 电商促销策划的主题一定要突出，这是选择促销类型和方式、实现促销目的的出发点，只有主题突出，促销的方向才明确、方式才有针对性，才能降低促销的成本。

2. 产品明确 进行电商促销策划，实现促销目的、明确促销主题、选择促销方式，最终都要落实在商家的产品和服务上，广泛撒网、普遍用力，不利于培育拳头产品和特色服务，形不成品牌效应，促销活动也会流于形式，成本居高不下而收效甚微。

3. 价格醒目 电商促销所提供的产品及服务系列一定要做到价格醒目，给消费者以震撼感、吸引力，从而达到提升流量和转化率，降低跳出率、购物车放弃率，提高收入、提升品牌等效果。

4. 陈列适当 商品陈列是一门艺术、一门科学，它通过视觉与顾客沟通，利用商品的形状、色彩、性能及陈列的环境等，来向顾客展示商品的特征，增强商品对顾客的吸引力，加深顾客对商品的了解。

商品陈列要抓住消费者的眼、手、心，要能引起消费者的注意，如重点商品必须摆放在首要位置，展示明确的主题性商品诉求；要使消费者对产品产生兴趣，把握色彩、饰品的运用，讲究利用灯光将消费者的眼光集中到焦点商品上；针对消费者的购买欲望，通过陈列尽量将以下因素表现出来：品质看得

见（如真皮标志等）、受欢迎程度（如有关部门颁发的获奖证明或排名）等，以强化消费者物有所值、物超所值的心态。

（二）电商促销策划的主要内容

1. 促销主题 电商促销的主题与促销活动的类型紧密结合在一起。其中单品促销的类型包括买赠、限时购、特价、预售、加价购等，多品促销的类型包括满减、满赠、满件折、套装。

我们可以根据不同的促销类型设定不同的促销主题，如满减的主题在于价格优惠，满赠的主题在于产品与服务的附加。

2. 促销目的 包括使消费者快速地熟悉企业的产品，刺激购买欲望，让产品迅速打开市场，为企业赢得稳定的利润；营造紧张气氛、赢得市场空间，规避生产风险，提高带货率；提升客单价、客单数，清库存，促进连带销售等。

要根据产品和服务的特点以及其销售阶段和现状对促销目的进行形式不同的策划。

3. 联动门店 以追求联动门店数量、品牌互动效应、灵活销售方式、文化理念影响等为出发点，采取本企业内部、同行间甚至看似毫无联系的门店间进行联动的方式，实现策划的目标。

4. 促销时间 适应目标客户消费心理随时间变化而出现的波动与转移，不断寻找甚至创设消费热点，达成策划目标。

5. 促销方式和内容 促销方式样式繁多，内容各有侧重，但都要有特色鲜明的促销主题和方向明确的促销目的，才能保障促销策划的成功。

6. 宣传方式 电商促销目标能否实现，与宣传力度的大小及针对性有非常密切的关系。电商促销宣传思路要开阔、立意要新颖、内容要合法、设计要美观、形式要灵活、运行要流畅。尤其注意防止虚假宣传。

7. 宣传预算 宣传的预算要合理，既要保证达成促销目标，又要避免增加不必要的成本。

8. 注意事项 电商促销策划要注意结合平台特点，充分挖掘市场和线上资源；要注意总结分析活动的效果，为下一次活动制定最佳方案；要注意挖掘产品亮点、卖点，提高转化率；要紧抓社会热点、具有行业影响力的事件并快速响应，提升公司销售利润或品牌影响力。要注意收集同行业电商信息，总结策划活动与网站流量、在线促销活动流量、产品销量之间的关系。

四、电商促销策划的基本步骤

电商促销一般要按照明确活动目的、进行销量预估、流量拆解、活动预热、活动上线、收尾及复盘的步骤实施策划。

1. 明确活动目的 电商促销在对备货、预热、推广、上线进行分解及细化落实之前，最关键的是要明确促销活动的目的并以此来指引后续各项操作。

2. 进行销量预估 明确促销活动的整体目的后，首先要着手对销量进行预估，不同的销量所带来的利润有很大差别，需要投入的推广费用的比例也不同，只有做好上述两项工作后，才能确定比较适当的活动预算。销量预估准确，库存恰到好处，则既能保证销量，又不会造成经营成本的无意义提高。

3. 流量拆解 流量数据是电商数据中非常核心的数据，包括浏览量（PV）、访客数（UV）、登录时间、在线时长和从以上指标衍生出来的人均流量、人均浏览市场等指标。只有对流量进行有针对性地拆解，并在此基础上进行科学分析，才能得出比较科学的促销决策依托数据，做到促销目标明确、促销成本合理、促销措施得当。

4. 活动预热 电商促销提前预热是为了增加消费者对商品和服务的了解。提前预热会让消费者有更充足的时间去了解企业的商品和服务，会提前对目标消费者进行分流和集中，达到精准吸引客户、提高转化率等效果。

5. 活动上线 当前期的预备工作就绪后，电商平台活动就进入整个营销活动的重心和关键阶段——活动上线。前期策划活动的准确与否、活动目标能否实现，最终均要通过活动上线的结果进行验证。

6. 收尾及复盘 电商促销活动策划并不以活动上线为终点，要进一步提升策划的水平，为今后的类似策划积累经验，在电商促销上线活动结束后，还有一项很重要的工作——根据活动的结果进行收尾及复盘，要在分析活动数据（如访问量、销售量等）及过程数据（如展现量、点击率、到达率、跳出率、咨询率、转化率等）的基础上，对照活动实施前的目标数据，分析策划的得失。

一个电商促销活动策划是否成功，取决于其相关数据收集及分析是否准确、是否给促销活动带来了预先设定的价值、活动中的相关细节是否处理得当，只有这三个方面都做好，才能说这一策划是成功的、高效的。

五、电商促销策划的执行过程

（一）活动平台

活动平台的选择至关重要，决定了活动开展的方式及最终效果。

淘宝、天猫、京东等平台是最早期的电商模式，商家入驻平台，就可以在网上销售商品。这些平台的各大细分领域都已经有巨头出现，通过销量、成本等把控了90%以上的流量，新企业的推广成本非常高。

微店、有赞、微盟等微电商是微信官方推出的电商平台，主要通过网页的形式在微信里面展示。小程序电商则背靠微信超高的流量，发展非常快。

电商商城类的应用（APP）软件功能最为丰富，所有的用户自己自由把控运营，可以实现的商业模式丰富多样，比如内容电商、分销电商、社群电商、导购商城、外卖商城、同城生活圈等，随着开发技术的发展，APP的制作也越来越快速、容易。

（二）活动形式

线上活动的形式包括秒杀、直降、折扣、赠品、赠积分、团购、多买多惠、满额减、专享价、加价换购、有奖转发、有奖征集、网上评选、注册送券等。

不同的活动形式有不同的活动目的和注意事项，如折扣，其比例要设置合理恰当，首件折扣不能太大，否则以后活动折扣就无法设置了；也不能太小，太小会没吸引力，最好有阶梯，以刺激用户多消费。另如赠积分，适合于低价高频的购物场景，平时买就会有积分赠送，有利于培养用户领取和消耗积分的习惯，用户往往为了使用积分而再次下单购买。如手机专享价，要比正常渠道购买的价低，在商品详情页和购物车界面最好有所体现，这样才能最大程度地刺激用户去使用手机购买。会员专享价，其商品要时常更新，以刺激用户去升级和二次购买，对于控价的商品是很好的促销形式。

（三）活动主题

电商促销活动一定要有一个明确的主题，这个主题一定要简洁、清晰、明确、有创意、有吸引力。我们可以针对不同目标消费群体的特点拟定不同主题的促销活动主题，如针对不同时间节点采取的周年庆、毕业季活动主题；针对不同年龄阶段的消费者拟定的年轻派、老年人保健养生系列活动；针对不同的情感体验拟定的怀念往日岁月活动；针对不同的健康需求拟定的患者福音活动；针对不同的消费风格开展的 Style 活动等。

如果我们对客户和商品没有了解透彻，就不会懂得客户真正需要什么、渴望什么，所以拟定恰当的活动主题，要做到了解客户、了解自己的产品，这样才能较好地解决电商促销中出现的各类问题，成为一名应用专家。

（四）活动详细情况

这一部分是方案能够执行的关键，要点在于“准确”“价值”和“细致”，要考虑到活动执行的方方面面。

1. 准确 目标人群的定位、促销场景的选择、促销活动的方式方法等都要做到准确，要让受众感觉到不突兀、不违和，做出的消费决定水到渠成。

2. 价值 促销活动对受众产生价值，这是最关键的要素，这个价值可以是产品的价格优惠，可以是产品的性价比好，可以是消费感受独特，也可以是给消费者带来一种认知的颠覆等。总之，促销活动要做到让消费者感到物有所值、体验良好，没有浪费时间和精力。

3. 细节 电商促销要注意活动细节的策划，要站在消费者的角度和立场来体验活动是否优秀，是否有瑕疵，这是许多活动策划会容易忽略的地方，同时也是对消费者体验来说最重要、最值得关注的地方，一定要给予足够的重视。

（五）市场推广

一个好的线上活动策划方案必须进行有效的推广。市场推广既要借助站内资源，同时也要充分利用站外资源，要尽可能选择用户群与推广目标高度重合的合作平台。要做好活动的前期预热、前期引导。推广的形式如下。

（1）朋友圈推广　如在微信、快手、抖音等朋友圈进行广告投放，如果活动内容足够吸引人并引导分享，朋友圈的力量是不容忽视的。除了单纯地发朋友圈，还可以针对用户群发活动内容、宣传海报等。

（2）在各大媒体、网站、新闻报刊进行推广，开展广告投放。要根据商家的定位把握投放的时机，避免盲目投放。

（3）直播、电视购物等　随着 5G 的问世，大量直播商业平台提供了面对面交流的推广渠道，更有利于与用户的沟通和增进推广的可信度。

开发互动性强的小游戏进行营销，也是市场推广的有效方式之一。

知识链接

电商直播

近年来，电商直播作为一种新兴的网络零售形式，为电商产业的发展和传统产业的电商化转型带来了新的机遇，据中国消费者协会于 2020 年 3 月发布的《直播电商购物消费者满意度在线调查报告》披露，2019 年电商直播市场规模达到 4338 亿元。

电商直播平台，包括在传统的电商平台开辟直播区域，如京东直播、淘宝直播等，也包括抖音直播、快手直播等娱乐型社交平台直播。

有效的市场推广活动要能给用户一个参加活动的理由，比如说活动有趣、新产品有用或活动有奖，要能解决用户的信任问题，要充分利用传播分享机制，注意制造引爆点，降低用户参与成本，及时进行用户反馈，有利于培养品牌知名度等。

第二节　医药电商文案写作

2012 年，马云与王健林就“电商是否会替代传统商业形式”的问题在网上进行论战，这让电商模式一度成为坊间热门。近几年，全球电子商务发展势头良好，而在医药领域的各种主流电商平台，如天猫医药馆、京东好药师以及康爱多等网站、APP 也逐渐为人们所知。在这样的行业背景下，基于电商平台而产生的促销方式，医药电商文案也进入了各医药类企业的视野。

医药电商文案是伴随着互联网的发展而衍生出的新型线上促销方式，其在传统文案的基础上，进行了一定改进，并应用在线上的营销环境中，使产品信息的传递更加迅速、有效。

一、认知医药电商文案

（一）文案的概念

文案来源于广告行业，是“广告文案”的简称，指在策划提供的方向和概念基础上发挥创意，并使用文字将企业的商业策略、品牌诉求生动地表达出来的方式。通常意义上的文案包括产品广告语、标题、主题、平面文案、软文以及公众号文章等内容。

基于线上平台的网络营销文案又不同于传统文案。由于电商平台自身的兼容性较好，这使得线上营销文案不仅包括文字，还涵盖了图片、视频、配音以及动画等内容。因此电商平台上的文案更为丰富，也更能吸引消费者的注意。

由于电商模式下，消费者无法直接触摸感知产品，因此文案的作用比在传统销售模式下更为重要，是电商线上营销的核心。从市场营销的角度来看，文案应属于市场营销 4P 策略（即产品、价格、渠道、促销）中的非人员促销环节。优秀的文案对网站流量、品牌传播以及产品销售有着重要的影响。

（二）医药电商文案的特征

医药电商文案与普通电商文案的区别在于文案针对的产品不同。

1. 医药类产品专业性要求高　药品不是普通的产品，它与人们的生命健康息息相关。药品通常需要在药师/医师的专业指导下进行合理用药，因此，进行医药类产品电商文案撰写时，不仅需要具备文案的撰写能力，更重要的是还需具备该药品相关的理论知识。

2. 药品广告法限制较多　与普通产品相比，药品广告相关的法律法规更为严格，文案撰写者还应学习相关知识，避免违法违规。如普通产品电商文案促销中常用的买一送一，在药品品类中就不允许使用。

3. 药品同质化竞争激烈　在我国现有的医药生产企业中，拥有自主知识产权品种的厂商少之又少，产品同质化现象相当严重。相同的药品就有几十家乃至几百家医药企业同时生产，这导致了医药企业之间的竞争越发激烈。在此背景下，需要对消费者心理更加准确地把握，因此医药电商文案对撰写者的要求也更高。

（三）医药电商文案的分类

1. 产品文案 产品不仅指具体产品，也可以是一种服务。产品文案的目的是促进该产品或服务的销售。因此，了解该产品或服务所对应的细分市场，确定主要的目标人群，同时提炼产品的独特卖点，塑造产品的价值，让消费者明确产品的使用场景，进而打动他们，是产品文案的目标。

写产品文案时需充分了解产品对象，同时研究消费者心理、行为与同类竞品，再利用文字、图片、视频、动画等形式，针对性地表现该产品的优势与功效，这样写出来的文案更易打动人心。

产品文案在写作时，通常会使用 FABE 法则（图 8－1）。这四个字母分别指的是：

F 即 Feature，指的是产品的特征、特性等基本功能；

A 即 Advantage，指的是该产品的优势；

B 即 Benefit，指的是该产品能给消费者带来的利益；

E 即 Evidence，指的是需要提供数据来印证上述介绍的证据。

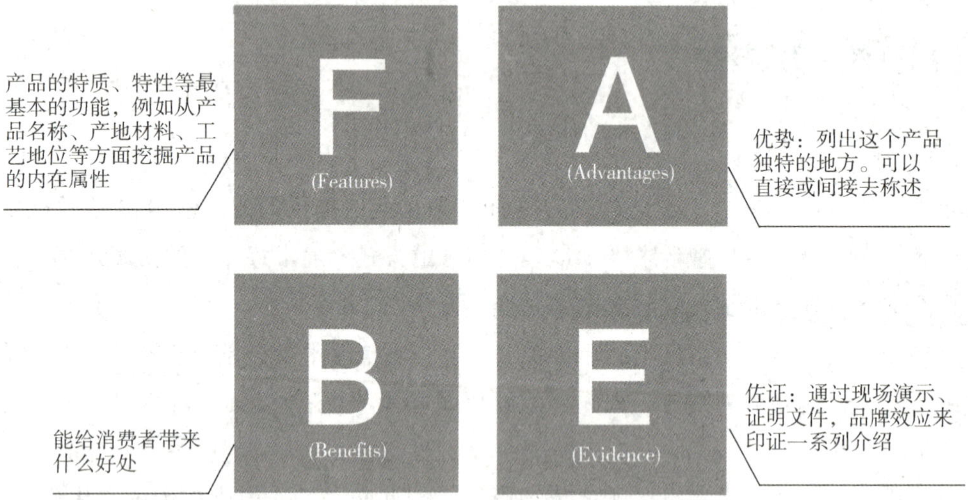

图 8－1　FABE 法则

2. 品牌背书文案 品牌背书文案即对该品牌进行介绍的文案。公司介绍、品牌文化等相关内容都可看作是品牌背书文案，能帮助企业树立良好的形象，赢得消费者的信任，塑造品牌形象。

品牌背书文案应从企业品牌的角度进行写作。写作时可以从某个企业的创建发展历程切入，可以是某个创业故事，可以是某位创始人的故事，也可能是某个“品牌名＋功能性”的结合。比如“58 同城一个神奇的网站”就是企业品牌融合产品功能性的例子，使消费者较易产生品牌联想，深化品牌认识和感知度，有记忆点的文案加上朗朗上口的措辞能达到不错的效果。

3. 传播文案 传播文案的主要特点是较能吸引眼球，增加曝光和流量。其可以细分为硬广文案和软广文案两种类型。传播文案有两个关键点，一是具有深度价值，二是具有传播因子。只有同时具备这两个因素，才能获得足够的曝光量，形成病毒式传播。

（四）医药电商文案的常见载体

1. 微博文案 当前互联网行业发展迅速，消费者对线上平台的接受度高，很多企业会采用互联网的方式进行营销推广。其中微博就是一个重要的营销渠道，因其本身用户量巨大且活跃度高，综合获客成本相对较低。用户主要通过该平台，以140字（包括标点符号）的文字更新发布信息，实现即时分享。

从它的字数要求，我们不难得出微博平台的特点："短、平、快"。同时，它允许用户随时随地发布信息，数量上没有限制。发布内容的形式也多种多样，既可以是图片文字，也支持视频动画等格式。

企业希望能通过流量较大的微博平台，吸引更多人的转发和关注，从而达到宣传的目的。因此，除了帐号本身的自有粉丝，还需吸引非粉丝的关注，于是微博文案内容便是关键，既要在里面加入广告信息，还要让内容丰富、有趣，让看到的人愿意自动地转发和关注。例如在微博上广为流传的话题讨论"北方人不知南方的冷"，每年冬天的转发和关注量都很大。

2. 微信文案 近年来，微信渐渐超越QQ，成为人们联系的即时通迅平台。它的快速发展使其成为了最热门的网络营销推广平台之一，也是社会化媒体营销中的主要推广手段。

微信朋友圈中，开始出现广告文案。朋友圈中的公共广告，所有人都看得到，因此互为好友的消费者可以在下方的回复中进行互动，进行产品信息的讨论与传播。同时，微信还可以通过公众号来进行内容的分享，主要的方式是在保证文章质量的前提下，吸引更多人关注并进行转发。

微信的特点是它与生活联系紧密，朋友圈中大部分是好友的关系，而用户对于好友所发布的信息，天然具备一定信任感，对于营销人员来说，这是一个较大的优势。而由于用户对好友内容关注度较高，因此转发到朋友圈中的高质量文案，更容易获得高曝光量，从而产生裂变效应，吸引更多的人群关注该公众号，促成购买。

3. 电商网站文案 电商网站文案是发布在电子商务网站上的文案，比如淘宝、京东等电商主流平台。大部分消费者在浏览这些网站时的目的性较强，停留时间较短，因此这些平台上的文案主要以商品信息为主，内容的重点是介绍商品，不需要华丽的词语，而是要在有限的篇幅中，用好数字和节日等元素，将产品优势展示出来，吸引消费者的眼球，进而对产品感兴趣，最终促成交易。

二、医药电商文案写作技巧

（一）电商文案撰写注意事项

好的文案能润物细无声地将广告信息植入其中，潜移默化地影响或者改变消费者的认知与习惯，引导消费者下单购买产品，失败的文案则达不到这样的效果。想要写出优秀的文案，需要注意避免出现以下问题。

1. 不知所云 初学文案撰写时，往往容易将文案写成作文，词句固然优美，但看完后却不明所以，读者不知其意。这种类型的文案失败的原因在于"讲了和没讲一样"。

例如，一个描述橙子很甜的文案"甘甜动人，触动你的味蕾"，这个文案里形容词用的"动人"和"触动味蕾"较为模糊，怎样的程度才算是动人，怎样的甜度才能触动味蕾，对于爱吃辣的人群来说，可能辣味更能触动他们的味蕾。因此，看完这个文案后，消费者还是没有了解这个甜橙甜到什么程度。如果将其改为"这可能是你吃过的甜得最到位的橙子"可能更好一些，每个人对甜的接受程度不同，该文案能让人脑补出这个甜橙有多甜，而在前面加入"可能"二字，又使得文案不会把话说得太死，同时也能引起消费者的好奇心，让他们主动购买。

2. 弄巧成拙 这种文案的失败，主要是因为逻辑不够严谨，对于文案所传递出的信息结果没有进行充分的调研和审核，使得文案显得喧宾夺主，会给消费者一种，即使是对的，也会觉得很难相信的感觉。

例如一个交通探头旁边提示抓拍超速的文案"比比谁的速度更快"，这个文案也许是想表达探头抓拍的速度是很快的，无论车开得多快都可以拍到，提示驾驶员开车慢一点。这种怂恿对方比比谁速度更快的内容，若有人真的来一个百米冲刺，就弄巧成拙了。

3. 故作高深 这种文案失败的原因是：文案过于高深，把表达出来的价值与实际价值之间的落差拉得过大，使人有一种违和感，让受众产生了不匹配的观点。这种文案使得消费者有较高的期待，但真实产品可能会让他们希望落空，最后产生不必要的纠纷。

比如在电影《三傻大闹宝莱坞》中，老师提出问题："请说一下'机器'的定义？"同学查图尔照搬课本的回答，让老师非常满意："机器是各种部分的结合体。按照设定的指定工作，通过信号传送，使用螺丝等工具或者利用杠杆原理，对枢轴的支点或滑轮进行调试。尤其其构造几乎都由复杂的活动零件或由简单的机件部分，如轮子杠杆凸轮等组装而成。"然而这样的定义复杂而晦涩，大部分人理解起来很有难度。反观主人公的回答："机器其实就是减少人类劳动力的东西。任何使工作简化、节约时间的工具都是机器。比如夏天天热，只要按下按钮，就会产生气流，电风扇就是机器。跟远方的朋友聊天，用的电话就是机器。计算机一秒百万次换算，计算机就是机器。"就更为友好，简化了原本很复杂的信息，使人理解起来没有困难。一个好的文案也需要具备这样的特性，将复杂的信息重点化、清晰化，使消费者接受起来更为轻松，而不是故作高深，让人摸不着头脑。

4. 隔靴搔痒 这种文案的失败，主要在于对产品描述的不到位。看过之后总觉得似懂非懂，隔靴搔痒。我们在描述一些美好事物的时候，就可能会出现这种情况。比如形容一位美人为"太漂亮了，让人魂牵梦绕"，看过之后的人可能会有这样的疑问：她到底哪里美，如何美？这样的描述，既没说清，也没道明。

而参照古人描述美女的方式"眉如远黛，面若桃花，静似娇花照水，行则弱柳扶风"，这个描述中既有静态也有动态，"远黛"和"桃花"也能让人想到类似的景物，从而更好地理解和想象该女子的美好。

5. 低俗营销 这种文案的失败在于为了热度，不惜贬损竞争对手或贬损某特定群体。其实这样的行为会无意中降低自己的品牌形象，受众也不一定全然相信，甚至可能会为对手鸣不平，这样的文案效果自然会打折扣，也会出现一些负面影响，得不偿失。

知识链接

软广告与硬广告

硬广告：也称硬广，我们在报刊、杂志、电视广播这四大传统媒体上看到和听到的那些宣传产品的纯广告就是硬广告。

软广告：媒体刊登或广播的那些看起来像新闻而又不是新闻，广告不像广告的有偿形象稿件，以及企业各种类型的活动赞助被称为"软广告"。

软文广告是相对于硬性广告而言，由企业的市场策划人员或广告公司的文案人员来负责撰写的"文字广告"。与硬广告相比，软文的精妙之处就在于一个"软"字，好似绵里藏针，收而不露，克敌于无形。它追求的是一种春风化雨、润物无声的传播效果。

（二）电商文案的本质

文案的本质是营销中的非人员促销。因此在写文案之前，需要分析目标群体是谁，了解他们的需求，再用文字、图片或视频的方式将对方的感受或者曾经经历过的场景进行再现，用积极或者消极转为积极的情绪，来影响目标群体，让其对产品感兴趣，继而喜欢上这个产品，最后进行购买。

很多时候文案会从产品能解决的客户痛点切入。而时事热点，是文案主题的较好来源，比如：对童年动画片的喜爱、喜欢吃的食物、妈妈口中别人家的孩子……这些话题都可以作为文案的切入点。这样的话题贴近现实，更能增加受众的代入感。文案的话题可以来自学习、工作、爱情、亲人、朋友、娱乐、爱好、新闻等途径。

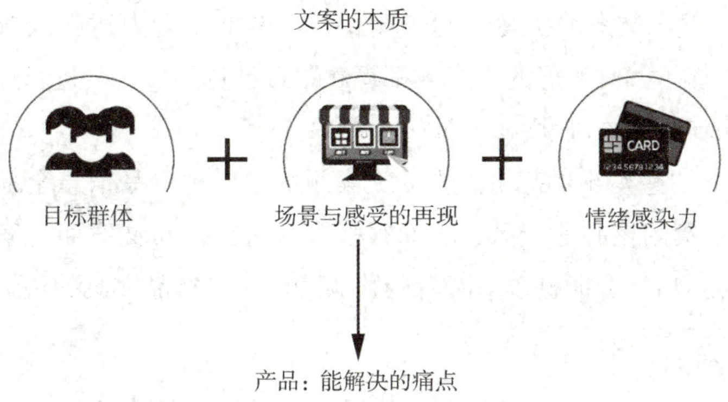

图 8－2　文案的本质

实例分析 8－1

实例　2014 年，《千万不要用猫设置手机解锁密码》这篇文章曾经登上过微博热搜，在很多其他的网络社交内容平台上也有很高的阅读量和转载量。该文标题非常有趣，引发了很多人的猜想和疑惑，读下去它的内容更是趣意盎然。主人公以轻松通俗的口吻，叙述了自己某一天突发奇想用猫设置手机的缘由、经过、意外和结果，还附上了手机和猫的照片，真实度非常高，并且行文非常接地气，事件也非常有趣。

那么，作者是如何用猫给手机设置密码的呢？原来他使用的手机是华为 MATE7，其自带的指纹锁屏和解锁的功能，让作者产生出了用猫爪设置指纹密码的奇妙想法。整篇文章让网友们忍俊不禁的同时，也注意到了这款手机。

问题　这篇文案属于哪个类型？它的主题来源于哪里？它有哪些使人共鸣的情感？

答案解析

三、医药电商文案推广应用

医药电商文案如何触动用户，获得消费者认同？如何用文案推广我们的产品？日常生活中，要说服一个人，常常要列举证据，可信度和说服力很重要。当对方怀疑、质疑某件事情时，能否拿出可信证据、背书来证明其真实性，这需要对目标人群的洞察研究，剖析了解对方心理，才可能赢得认可，化解质疑。在产品营销文案中，亦是如此。

（一）医药电商文案的写作流程

1. 了解产品，分析市场　首先要把握用户心理，做好药品 STP 策略中的市场细分，找准目标人群，做好市场定位。

2. 信息提炼，产生创意　对产品现有信息进行梳理，如食品功能、特色、代言情况、竞争对手以及包装等。对文案主题进行提炼，理清文案想要达到的最终目标，融入表现信息的个性，同时了解消费者的心理与行为习惯。在主题提炼时，需要使传递的信息具备靶向性、深刻性和鲜明的个性，这样才能达到使消费者在信息爆炸时代注意到产品信息的目的。最后才能产生一个较好的创意，这个创意既包含个性，又为用户所接受。

3. 场景重现，挑动情绪 为消费者挑选使用该产品的场景，让消费者代入其中，想象自己购买产品后的场景，从而引发正向的情绪，刺激其购买。

4. 征求意见，反复修改 文案的撰写说起来简单，好像能写会表达就能成为文案。然而，一个好的文案并不是会写文章就够了。真正好的文案，都喜欢跟自己过不去，会进行反复的修改，前一天觉得挺好的想法，第二天有可能全盘推翻。

有一句话是这么说的："想写出看起来高雅的文案很简单，把产品信息全部抛弃即可，但它就不再是产品文案了！"写产品文案的核心是产品，然而很多人却是为了写文案而文案。如何清晰具体地传递出产品的利益点，怎样传达出一个能打动消费者的购买理由，是产品文案的最终目的。

（二）文案的写作要点

1. 具体的数据 文案中应注重对故事细节的描写，最好提供具体的数据。细节与数据会让文案显得真实而丰满。

2. 情绪的调动 文案要充分调动消费者的情绪，将消费者拉入文案故事中，引发他们的共鸣，进而刺激其购买欲望。

3. 产品信息植入 采用自然的方式在文案中植入产品信息，使消费者了解公司的产品。

实例分析 8－2

保德信宣传文案

实例 航123航次波音747班机，在东京羽田机场跑道升空，飞往大阪。

时间是1985年8月18日下午6点15分。机上载有524位机员、乘客以及他们家人的未来。45分钟后，这班飞机在群马县的偏远山区坠毁，仅有4人生还，其余520人成为空难记录里的统计数字。

这次空难，有个发人深省的地方，那就是飞机先发生爆炸，在空中盘旋5分钟后才坠毁。任何人都可以想见当时机上的混乱情形：500多位活生生的人在这最后的5分钟里面，除了自己的安危还会想到什么？谷口先生给了我们答案。

在空难现场的一个沾有血迹的袋子里，智子女士发现了一张令人心酸的纸条。

在别人惊惶失措，呼天抢地的机舱里，为人父、为人夫的谷口先生，写下给妻子的最后叮咛："智子，请好好照顾我们的孩子！"就像他要远行一样。

你为谷口先生难过吗？还是你为人生的无常而感叹？免除后顾之忧，坦然地面对人生，享受人生。这就是保德信117年前成立的原因。走在人生的道路上，没有恐惧，永远安心，如果你有保德信与你同行。

答案解析

问题 请结合文案写作要点对该实例加以分析。

（三）常见的软文类型

软文是相对硬性广告而言的，以文字、图片为主要展示内容，也是目前医药类电商平台文案用得较多的营销方式之一。

软文的类型多种多样，根据目的、主题及内容的不同，软文大致可分为以下几种类型。

1. 故事型软文 故事型软文是最为常见的类型之一，它会借助一段感人或搞笑的故事，在故事的高潮之处植入产品，使故事成为必不可少的线索，以强化产品营销效果。

故事型软文通过一个较为完整的故事，使产品具有“神秘感”或其他光环，使消费者接受到强烈的心理暗示，促进销售。

2. 新闻型软文 新闻型软文就是以新闻报道的格式写作，让读者读起来感觉是刚发生的事。这类软文的内容是围绕产品展开的。

3. 恐吓型软文 恐吓型软文属于反情感式诉求。通过恐吓的方式吸引消费者的关注，从而实现营销目的。恐吓型软文最大的特点是语不惊人死不休，一定要击中对方的痛处，其次它的标题也较一般的标题更为激烈。这类软文在医药电商领域用得比较多，如《防肝癌记住四不吃，特别是这一物》《跷二郎腿的6个可怕后果，吓得我赶紧坐直了》等。为达到较好效果，写这种类型的软文时必需引用一些事实或者数据来论证文章中提到的观点

4. 名人型软文 此类软文经常借用社会名人的高知名度和人气来宣传产品。比如《818杜甫是怎么死的》《一只产品狗的盗梦空间》《梵高为什么自杀》等类型的软文，就属于名人型软文。

5. 访谈型软文 此类软文是从记者的角度来进行撰写的。主要的形式为采访谈话，将谈话内容作为文章主要内容进行展示。例如《田士英主任谈10年癫痫患者康复之路》，就属于访谈型软文类型。

6. 经验分享型软文 此类软文主要是以分享经验的方式，将产品信息进行传递，减肥产品、化妆品、保健品等多采用这种方式进行软文推广。该类型的软文通常以“第一人称”进行表述，例如《我产后如何做到减肥48斤》《毕业2年：从最初找不到工作，到如今年薪50万，我凭什么?》《我们该如何，才能变成一个精致的猪猪女孩》等。这类文章会告诉消费者自己所遇到的问题、使用产品的过程、产品的功效以及自己的经验总结。通常来说，作者还会在这种文章中配以说服性的图片。

7. 归纳总结型软文 归纳总结型软文有很多，文章通常以行业优秀企业或领导品牌汇总的方式进行推广，比如《重庆小面二十强》。此类软文因为具有一定权威性，所以受众认可度较高。需要注意的是，软文内容要实事求是，特别是在药品领域，不可盲目夸赞。

即学即练8-2

答案解析

以下说法不正确的是（ ）

A. 文案写作时，通常使用FABE法则

B. 文案的本质是营销中的非人员促销

C. 文案写作前，应首先找准目标人群，做好市场定位

D. 文案写作的目的就是吸引眼球，追求热度

第三节 医药电商线上推广策略

医药电商线上推广的主要目的是吸引流量，店铺访问流量与销量有着直接关系，因此要想取得不错的成绩，必须要对店铺进行推广。作为产品的生产运营方，懂得推广的主流方法是必要的。本节将主要介绍主流的医药电商线上推广策略。

一、搜索引擎推广

1. 站内与站外流量 店铺流量的来源途径非常多，主要分为站内流量和站外流量。站内流量是指医药电子商务平台本身带来的流量，以天猫医药馆为例，站内搜索、直通车、智钻、聚划算等都属于站内流量。站外流量是指在天猫医药馆以外的其他互联网上获取的流量，如从专业论坛、微博、微信、百度搜索等获取的流量即属于站外流量。

（1）站内搜索　站内搜索是指通过当前网站的搜索引擎搜索本网站中的内容，对于淘宝卖家而言，站内搜索是非常重要的流量来源。大部分消费者是通过淘宝搜索栏检索产品关键词寻找商品的。

（2）付费推广　付费推广是一种有效的推广方式，可以帮助卖家获取更多有效流量，淘宝网内部的付费推广方式主要有直通车、智钻、淘宝客、达人等，其中直通车是最为常用的方式，它能帮助特定类目下的店铺打造爆款，智钻是一种广泛获取店铺流量的推广方式，淘宝客和达人则是卖家支付佣金，由专人提供推广服务的方式。

（3）参与活动　除了通过站内搜索和推广来获取流量外，使用淘宝网提供的一些营销活动进行推广也是常见流量的来源之一，如聚划算、淘金币、天天特价等，如果店铺满足活动参与条件，则可通过淘宝的活动入口申请参与，申请通过后，即可在活动区域获得展示机会，买家即可浏览。

（4）会员营销　会员营销是指通过会员关系进行管理，从老顾客中再次获得流量，当店铺通过其他方式带来了流量和人气之后，需要进一步留住这些流量，让其产生持续的购买行为，最好还可以通过会员的广告效应，扩大会员营销流量的影响范围，刺激新会员的产生。

2. 搜索排序

（1）影响淘宝搜索排序的因素　淘宝搜索排序是店铺自然流量的首要条件，排名靠前的，展示的机会就越多。影响搜索排序的因素具体如下。

①文本相关性：当买家搜索关键词的时候，淘宝系统就会筛选出标题中包含该关键词的宝贝进入下一轮的筛选，而不含该关键词的宝贝就被屏蔽掉了（也许卖相同的产品，但是没有关键词的卖家就会被刷掉）。

②属性相关性：买家搜索关键词的时候，淘宝会为该关键词匹配一个最佳的类目，并且淘宝搜索结果也会优先显示该类目下的宝贝。找到自己最佳类目的方法——通过发布宝贝自动匹配最佳类目来查找。

③虚假交易：虚假交易会导致产品降权或被屏蔽。

④价格：因价格设置不合理，也可能使宝贝被屏蔽。

⑤滞销品：长时间卖不出去的产品，也可能使搜索排名靠后。

⑥宝贝销量：产品销量影响淘宝搜索排名。

⑦评价：主要是好评率以及访客 UV/PV（商品 ITEM 级别的 UV&PV 热度）。

⑧点击率：点击率 = 点击量/展现量，点击率的参考意义在于测图，也就是主图是否吸引人。一般比例在 3% ~8% 都是正常范围，如果点击率过低，说明主图不好，点击率越高越好。

⑨跳出率：跳出率是指在只访问了入口页面（例如网站首页）就离开的访问量与所产生总访问量的百分比。跳出率计算公式：跳出率 = 访问一个页面后离开网站的次数/总访问次数。

⑩转化率：转化率指的是，100 个顾客看了你的产品后，有多少顾客产生购买行为的比例。

⑪综合评分：综合评分包含各种因素，如人气、销量、价格等，综合评分较高，则淘宝将提升其排名。

⑫动态评分（DSR）：DSR 指的是店铺综合服务水平，评分越高，排名越有利。

⑬下架时间：下架时间是影响“所有宝贝”排序很重要的一个因素，淘宝中即将下架时会获得排

名提升和更多展示机会。

⑭动销、滞销率：动销率也是会影响搜索排名的一个因素，卖家应将长期无法售卖的产品进行重新编辑，有利于提升店铺权重。

⑮回头客：回头客是指在店铺重复购买的客户，回头客比例越高，越说明商品的质量好、店铺服务好。

⑯关键词匹配：一般来说，标题关键词与产品应匹配，最好是使用关键词细分中产品某类目下的热门关键词。同时在商品详细描述里，也最好包含，有利于提升排名。

（2）优化商品标题　商品标题应符合用户搜索习惯，尽可能使用组合各种与商品相符的热搜词。一般的商品标题包含了核心关键词、属性关键词和热搜词三部分。

①核心关键词：指商品名称，其作用是可使买家通过标题快速了解商品是什么，是否是自己所需产品。

②属性关键词：是对商品属性的介绍，商品材质、颜色、风格都属于商品属性。

③热搜词：热搜词是指与商品相关的、买家搜索量高的词，主要用于对标题的优化，增加被搜索到的概率。

（3）突出卖点　商品被买家搜过到后，如果标题不是买家需要的信息，就会失去买家继续查看的机会。因此商品标题不仅要包含热搜词，还应该在其基础上突出该产品的卖点。淘宝商品标题最长可包含 30 个字，在结构合理的基础上，尽可能多地组合热搜词，而这些热搜词的选择，最好包含符合商品特性和属性的词语。

（4）优化商品描述页　很多数据分析工具都能对商品的目标人群进行分析，比如年龄、性别、购买习惯等。找准详情页内容的定位，结合产品特征进行详情页的展示，才能更好地吸引目标群体。好的详情页应同时兼顾人群定位、商品展示、页面布局、关联营销、刷新速度等多个方面。

二、信息流推广

1. 信息流的定义　信息流是一种可以滚动浏览的内容流。例如：信息流可以是编辑精选的信息流（文章、新闻列表或产品详情、服务列表），信息流可以出现在页面上的任何位置。

2. 信息流广告的定义　信息流广告是一种投放到信息流中的新广告格式。不仅能为自己的网站创收，还能为访问者提供更好的用户体验。信息流广告是可以定制的，其优点是不会干扰用户访问正常的信息内容，还能提供更好的用户体验度，不会中断用户的访问流程。例如：豆瓣精选、知乎精选、今日头条、B 站短视频等，都是信息流广告。

信息流最早出现在 Facebook，随后是 Twitter，直到 2012 年才被引入中国，但一直不温不火，直到 2017 年，信息流才呈现爆发式增长。据统计，信息流广告在未来两年，将会以 50% 的增速发展。

3. 如何进行信息流推广　首先应进行竞品调研，比如调研竞品的推广方式是哪一类信息流、在哪些渠道做了推广、在这些渠道中的素材占比是多少、主要的创意是什么、展现形式是怎样的。然后需要对广告媒体进行选择，可以结合各大媒体的用户特性以及前期调研的结果，选择合适的媒体广告渠道，确定好投放时间。接下来要进行广告创意的设计，在这个阶段要充分结合产品特性以及投放平台的用户特性，设计对口的广告素材创意。创意有了，就需要广告的具体文案设计，比如广告的标题应该怎样撰写，才能快速让受众了解产品的价值，明确产品的作用，广告文案一定要精炼简洁。

投放测试，把准备好的广告素材和文案进行组合测试，寻找最佳的搭配效果，对效果好的继续进行测试，记录投放的数据，并做出分析，后续不断进行调整。反复测试并优化素材，直到寻找到爆点，然后围绕爆点进行推广。

三、"微营销"推广

（一）"微营销"的定义

微营销是传统营销与现代网络营销的结合体，是以移动互联网作为主要沟通平台，通过微博、微信等应用软件配合传统网络媒体和大众媒体，通过可管理、线上线下的沟通，建立和强化与顾客间的关系，实现顾客价值的一系列过程。

微营销不是微信营销，微信营销是微营销的一个组成部分，其还包括微博等，它们都是实现微营销的一个工具或方法的一部分。

（二）"微营销"的方式

1. 微博推广 微博推广是以微博作为推广平台，在这里每个用户（粉丝）都是潜在营销对象，企业利用更新自己的微博向网友传播企业与产品的信息，树立良好的企业形象和产品形象。每天更新的内容与用户（粉丝）进行交流，激发用户兴趣，从而达到营销的目的，这种方式就是新兴的微博营销。

微博推广的主要方式有转发抽奖、晒图有奖、发布话题等。

（1）转发抽奖 是指通过官方微博与粉丝进行互动，从转发当前微博的粉丝中抽取一名或几名用户赠送奖品。这种方式十分常见，可以累积粉丝，扩大影响力。

（2）晒图有奖 是指通过官微，邀请买家上传商品图片，同时@官微的方式参与活动。官微对图片进行评比或投票，选出人气最高的商品图片，颁发奖品。晒图有奖可使买家体会购买产品后的参与感，提升买家的忠诚度，是一种非常有效的方式。

（3）发布话题 是指在微博上发布的特指某个描述对象的主题，如"2021年XX新品"等，通过微博平台发布话题后，话题将以超链接的形式显示。活动、品牌、事件都可成为专门话题，官微有意识地引导粉丝针对话题进行讨论，这样可以使话题推送给更多微博用户。

2. 微信推广 微信是用户基础非常大的软件，其受众非常广泛，甚至很多中老年人都会使用。因此，这种广泛使用和即时传播信息的特点，使微信推广具有较大的发展空间和可观的推广效果。与微博不同，微信推广主要依靠朋友圈和公众平台。

（1）微信朋友圈推广 主要方式有图片、活动、店铺宣传等。朋友圈中的内容只能由好友查看，所以限制较大。店铺也可以以会员活动、会员管理等方式，引导和邀请买家添加店铺的微信号，再通过制作海报等方式，增加点击和购买率。

（2）微信公众号推广 微信公众号是通过公众帐号推广媒体信息的平台，商家可通过申请公众微信服务号或订阅号，在该平台进行自媒体活动，如通过二次开发展示商家的微官网、微会员、微推送、微支付、微活动、微分享等，由于微信公众号的公众性，目前已经发展成一种主流的线上互动营销方式。

按照性质的不同，微信公众号可分为个人帐号、企业帐号、订阅号和服务号等。但不管是哪一种类型的公众号，其目的都是为个人或企业创造价值，而这也需要推送内容具备真正的价值。

微信推广的内容一般为图文结合的方式，文字要求排版整齐，图片要求精致美观，内容可读性强，能吸引用户进行阅读。比如以趣味软文的形式做推广，就容易引发用户兴趣，拉近与客户的距离，同时策划一些活动也可吸引更多客户的关注。

四、论坛推广

论坛推广主要是通过编辑和发布与店铺有关的贴子或链接地址来推广店铺，这种推广方式通常是针对潜在用户的推广，因此需要选择目标客户经常访问的论坛来实现推广目的。在论坛进行推广时，需要注意不论是发贴还是回帖质量都很重要，否则潜在客户不感兴趣，达不到想要的目标。一份排版精美，将产品信息精准的推荐给目标群体的贴子，就是一份成功的论坛推广文案。

实践实训

实训八 对产品艾丽奥利司他进行文案推广

【能力目标】

能够结合课本知识，撰写图文并茂的软文广告，同时对其进行推广。

【任务描述】

1. 了解艾丽奥利司他产品，梳理信息，整理出特点与优势。
2. 结合生活，撰写关于艾丽奥利司他的产品文案。
3. 在淘宝论坛中发布产品推荐贴。
4. 在微信或微博中发布产品相关活动与推广信息。

【任务实施】

步骤 1 根据 FABE 法则，梳理产品特点与优势

各组通过小组共同讨论，总结艾丽奥利司他的优势与合适的使用场景。

步骤 2 头脑风暴

各组头脑风暴，选择合适的软文类型，撰写关于艾丽奥利司他的产品文案，要求图文并茂，可以使用长图的形式，有条件可以拍摄视频。

步骤 3 淘宝发贴

在淘宝论坛中编辑并发布艾丽奥利司他产品的商品推广贴。

步骤 4 微博或微信公众号发贴

将排版编辑好的软文，发布在微信公众号或微博上，并发布话题，与粉丝互动，策划一条转发抽奖活动。

目标检测

答案解析

一、单选题

（一）最佳选择题

1. 常见电商网站促销的 KPI 评价指标不包括（ ）

A. 访问量　　B. 转化率

C. 跳出率　　D. 费用率

2. 不属于线上活动推广方式的是（ ）

A. 朋友圈推广　　B. 媒体推广

C. 直播推广　　D. 讲座推广

3. 软文的特点是（ ）

A. 广告特征明显　　B. 产品信息复杂

C. 棉里藏针，收而不露　　D. 主要刊登于报纸上

（二）多项选择题

1. 软文广告的类型包括（　）

A. 故事型　　B. 恐吓型

C. 新闻型　　D. 访谈型

2. 主流的线上推广方式有（　）

A. 搜索引擎推广　　B. 微营销推广　　C. 论坛推广

D. 书报杂志推广　　E. 商业推广

3. 常见的线上活动的形式有（　）

A. 秒杀　　B. 直降

C. 折扣　　D. 赠品

二、判断题

1. 微博平台具有“短、平、快”的特点，允许用户随时随地发布信息。（　）

2. 在微信公众平台中可以通过公众号进行内容的分享，微信公众号分为订阅号和服务号两种类型。（　）

书网融合……

知识回顾　　习题

运营篇

医药电商运营策略

第九章　医药电商数据分析与应用

PPT

学习引导

中国医药电子商务从平缓发展阶段，到现在全国各地连锁药店涌现争相发展医药电子商务的盛况，无论是先行者还是后进者，都对企业自身医药电子商务的模式及运营决策有着新的思考。那么电商数据分析主要有哪些指标？用户画像如何进行操作呢？

本章主要介绍电商数据分析中各基本指标的含义、数据分析基本指标体系组成、常用的数据分析方法及用户画像的概念、作用和流程。

学习目标

1. **掌握**　电商数据分析中各基本指标；用户画像的概念。
2. **熟悉**　常用的数据分析方法；用户画像的流程。
3. **了解**　建立商务数据分析指标体系的逻辑；用户画像的作用。

数据分析的前提和必要条件是对电商业务的理解和掌握。在大数据时代背景下，用户画像、用户信息充斥在网络中，用户画像是将用户的每个具体信息抽象成标签，并利用这些标签将用户形象具体化，从而为用户提供有针对性的服务。本章旨在梳理电商行业进行数据分析时常用的核心分析指标，以及对用户画像的基础知识及画像流程进行说明。

第一节　电商数据分析基本指标

一、电子商务数据分析指标体系

电子商务相对于传统零售业来说，最大的特点就是一切都可以通过数据化来监控并改进。通过数据可以判断用户从哪里来、如何组织产品以实现更好的转化率、投放广告的效率如何等电子商务网站的数据分析可成为盈利的推动力，所以显得尤为重要。

（一）电子商务数据分析的定义

电子商务数据分析是指通过对电子商务数据进行检查、处理、转换和建模以从中获得有用的信息、结论和支持决策的过程，即用适当的统计分析方法对收集的大量数据进行分析，提取有用信息并形成结论，对数据加以详细研究和概括总结的过程。例如结合数据优化产品的用户体验，通过数据来进行用户画像、发现产品改进的关键点以及产品改版、迭代是否在一个正确的方向上。企业建立的数据分析体系通常细分到了具体可执行的部分，可以根据设定的某个指标的异常变化，立即执行相应的方案，来保证企业运营的正常进行。电商企业的数据分析体系是一个成熟的、共性的指标，但仍需要根据实际情况去细化和完善，从而制定出对企业更有意义的指标。

（二）电子商务数据分析体系

电子商务数据分析体系包括总体运营指标、网站流量指标、销售转化指标、客户价值指标、商品及供应链指标、营销活动指标、风险控制指标和市场竞争指标。

1. 总体运营指标　电子商务总体运营指标主要面向的人群是电商运营的高层，通过总体运营指标评估电商运营的整体效果。电商总体运营整体指标包括四方面的指标，具体如下。

（1）流量类指标

①独立访客数（UV）：指访问电商网站的不重复用户数。对于 PC 网站，统计系统会在每个访问网站的用户浏览器上“种”一个 cookie 来标记这个用户，这样每当被标记 cookie 的用户访问网站时，统计系统都会识别到此用户。在一定统计周期内（如一天），统计系统会利用消重技术，对同一 cookie 标记的在一天内多次访问网站的用户仅记录为一个用户。而在移动终端区分独立用户的方式则是按独立设备计算独立用户。

②页面访问数（PV）：即页面浏览量，用户每一次对电商网站或者移动电商应用中的每个网页访问均被记录一次，用户对同一页面的多次访问，访问量累计。

③平均访问量（PV/UV）：指用户每次浏览的页面平均值，即平均每个 UV 访问了多少个 PV，该指标反映的是网站访问黏性。

（2）订单产生效率指标　总订单数量，即访客完成网上下单的订单数之和。访问到下单的转化率，即电商网站下单的次数与访问该网站的次数之比。

（3）总体销售业绩指标　网站成交额（GMV），电商成交金额，即只要用户下单，生成订单号，便可以计算在 GMV 里面。销售金额是货品出售的金额总额。无论这个订单最终是否成交，有些订单下单未付款或取消，都算 GMV，销售金额一般只指实际成交金额，所以，GMV 的数字一般比销售金额大。

（4）整体指标　销售毛利是销售收入与成本的差值。销售毛利中只扣除了商品原始成本，不扣除没有计入成本的期间费用（管理费用、财务费用、营业费用）。毛利率是衡量电商企业盈利能力的指标，是销售毛利与销售收入的比值。如美团 2019 年的毛利率连续两个季度稳步上升，从第一季度的 39.0% 上升至第二季度的 41%，体现出美团盈利能力的提升。

2. 网站流量指标　主要用来衡量网站的整体运营状况，一般从网站优化、网站易用性、网站流量质量以及顾客购买行为等方面进行考虑。目前，流量指标的数据来源通常有两种，一种是通过网站日志数据库处理，另一种则是通过网站页面插入 JS 代码的方法处理。网站流量指标可细分为流量指标、流量成本类指标和质量指标，例如我们常见的 PV、UV、访客数、新访客数、新访客比率等就属于流量数量指标，而跳出率、页面访问时长、PV/UV 等则属于流量质量指标。

（1）流量指标　常用的流量规模类指标包括独立访客数、页面访问数、新访客数和回访客数。

①新访客数：指客户端首次访问页面的用户数，而不是最新访问页面的用户数。

②回访客数：指再次光临访问的用户数。

（2）流量成本类指标　单位访客获取成本，指在流量推广中，广告活动产生的投放费用与广告活动带来的独立访客数的比值。单位访客成本最好与平均每个访客带来的收入以及这些访客带来的转化率进行关联分析。若单位访客成本上升，但访客转化率和单位访客收入不变或下降，则很可能流量推广出现问题，尤其要关注渠道推广的作弊问题。

（3）流量质量指标　可以反映页面内容的受欢迎程度。

①跳出率：又称蹦失率，指浏览了一个页面就离开的访问次数除以该页面的全部访问次数，分为首页跳出率、关键页面跳出率、具体产品页面跳出率等。跳出率只能衡量该页作为着陆页面的访问。如果花钱做推广，着落页的跳出率高，很可能是因为推广渠道选择出现失误，推广渠道目标人群和被推广网站到目标人群不够匹配，导致大部分访客访问一次就离开。

②页面访问时长：指单个页面被访问的时间。页面访问时长并不是越长越好，要视情况而定。对于电商网站，页面访问时长要结合转化率来看，如果页面访问时长时间长，但转化率低，则页面体验出现问题的可能性很大。

③人均页面浏览量：指在统计周期内，平均每个访客所浏览的页面量。人均页面浏览量反映的是网站的黏性。

3. 转化类指标　转化率指进行了相关动作的访问量占总访问量的比率（例如用户注册、收藏、下单、付款、参加营销活动），是电商营运的核心指标，用来判断营销效果。

①注册转化率：即注册用户数除以新访客总数，是一个过程指标。

②收藏转化率：即将产品添加收藏或关注到个人账户的用户数除以该产品的总访问数。

③添加转化率：即将产品添加到购物车的用户数除以该产品的总访问数。

④成交转化率：即成交用户数除以总访问数。一般而言，我们提到的转化率就是指成交转化率，它与传统零售的成交率是一个概念，是一个结果指标。

⑤渠道转化率：从某渠道来的成交用户数除以该渠道来的总用户数，它可以用来判断渠道质量。核心指标为 PC 端转化率和移动端转化率。

⑥事件转化率：因某个事件带来的成交用户数除以该事件带来的的总用户数，有些事件可以追踪到人，例如营销中的关键字投放、其他网站投放广告等。主动或被动触发的事件都可以用事件转化率来体现，这个指标对制订营销计划、提升销售额有重要意义。

4. 客户价值指标　客户价值指标包含新客户和老客户指标。常见新客户指标包括一定统计周期内的新客户数量、新客户获取成本和新客户客单价。其中，新客户客单价是指第一次在店铺中产生消费行为的客户所产生交易额与新客户数量的比值。影响新客户客单价的因素除推广渠道的质量外，还与电商店铺活动以及关联销售有关。常见老客户指标包括消费频率、最近一次购买时间、消费金额和重复购买率。消费频率是指客户在一定期间内所购买的次数；最近一次购买时间表示客户最近一次购买的时间离现在有多远；客户消费金额指客户在最近一段时间内购买的金额。消费频率越高、最近一次购买时间离现在越近、消费金额越高的客户越有价值。重复购买率则指消费者对该品牌产品或者服务的重复购买次数，重复购买率越多，则反映出消费者对品牌的忠诚度就越高，反之则越低。重复购买率可以按两种方法来统计：①从客户数角度，重复购买率指在一定周期内下单次数在两次及两次以上的人数与总下单人数之比；②按交易计算，即重复购买交易次数与总交易次数的比值。

答案解析

即学即练 9－1

A 企业在某月内一共产生了 100 笔交易，其中有 20 个人有了二次购买，这 20 人中的 10 个人又有了三次购买，则重复购买次数为 30 次，按交易计算重复购买率为（　）

A. 10%　　B. 20%　　C. 30%　　D. 40%　　E. 50%

5. 商品及供应链指标　产品总数指标是物理上不可分割的最小存货单位，是一组可重复用、易检索的标准化信息的集合，该集合描述了一个产品的特性。如 iPhone 12 配置为32G 版、5G 手机、颜色为黑色、网络类型为 TD－LTE/TD－SCDMA/WCDMA/GSM 就是一个典型的供应链指标，该指标还包括产品优势性指标和品牌存量指标。主要是独家产品的收入占比品牌存量指标，包括品牌数和在线品牌数指标。品牌数指商品的品牌总数量和在线商品的品牌总数量。

实例分析 9－1

实例 2019 年 9 月 28 日，某多多发布消息称，9 月 29 日零点，将联手近千商家，推出聚焦国人健康的“医药健康日”。本次活动，某多多将重点推出 1 万台 19.9 元的九安电子血压计，1 万台 9.9 元的鱼跃血糖检测仪，推动医药健康进万家。

此外，某多多联合商家推出的“百亿补贴”，将瞄准消费者最常用的OTC 药品、医疗器械、隐形眼镜等进行精准补贴，主推商品全网超低价，用最大诚意来守护消费者的健康需求。

问题 为什么某多多平台在众多产品中选择血糖仪作为促销产品之一？

答案解析

6. 营销活动指标 包括新增访问人数、新增注册人数、总访问次数、订单数量、下单转化率以及投资回报率（ROI）。其中，下单转化率是指活动期间，某活动所带来的下单的次数与访问该活动的次数之比。ROI 是指某一活动期间，产生的交易金额与活动投放成本金额的比值。

7. 买家评价指标 反映用户对评价的参与度，电商网站目前都在积极引导用户评价，以作为其他买家购物时候的参考。某段时间内好评的买家数量与该时间段买家数量的比值和某段时间内差评的买家数量与该时间段买家数量的比值是非常重要的参考基数。尤其是买家差评率，是非常值得关注的指标，需要监控起来，一旦发现买家差评率在加速上升，一定要提高警惕，分析引起差评率上升的原因，及时改进。在风险控制中还要注意买家投诉的次数，投诉率的高低也起着重要的作用。

8. 市场竞争指标 是市场份额的相关指标，包括市场占有率、市场扩大率和用户份额。市场占有率指电商网站交易额占同期所有同类型电商网站整体交易额的比重；市场扩大率指购物网站占有率较上一个统计周期增长的百分比；用户份额指购物网站独立访问用户数占同期所有 B2C 购物网站合计独立访问用户数的比例。网站排名包括交易额排名和流量排名；交易额排名指电商网站交易额在所有同类电商网站中的排名；流量排名指电商网站独立访客数量在所有同类电商网站中的排名。

知识链接

阶段不同，需求不同

1. 新电商 积累数据，找准营运方向比卖多少货、赚多少钱重要。这个阶段应重点关注流量指标，包括访客数、访客来源、注册用户数、浏览量、浏览深度、产品的浏览量排行、产品的跳出率、顾客评价指数、转化率等。

2. 营运一段时间的电商 通过数据分析提高店铺销量就是首要任务。此阶段的重点指标是流量和销售指标，包括访客数、浏览量、转化率、新增会员数、会员流失率、客单价、动销率、库存天数、ROI、销售额等。

3. 有规模的电商 利用数据分析提升营运水平就很关键。重点指标是访客数、浏览量、转化率、复购率、流失率、留存率、客单价、利润率、ROI、新客成本、库存天数、订单满足率、销售额等。

二、常用数据方法介绍

数据分析方法的目的是帮助分析者理清思路，确保数据分析结构体系化，从而为后续具体的数据分析明确方向，以保证分析结果的信度。数据分析体系建立之后，其数据指标并不是一成不变的，需要根据业务需求的变化实时调整，调整时需要注意统计周期变动以及关键指标的变动。通常，单独地分析某个数据指标并不能解决问题，而各个指标间又是相互关联的，所以要将所有指标织成一张网，根据具体的需求寻找各自的数据指标节点。

具体的分析方法（如对比分析法、交叉分析法和结构分析法、矩阵分析法、综合评价分析法、漏斗图分析法、杜邦分析法、预测分析法、聚类分析法等）均是从微观角度指导具体的数据分析的过程，体现了数据分析的技术方法。下面就“对比分析法”和“漏斗图分析法”展开介绍。

（一）对比分析法

对比分析法又称比较分析法，是指将两个或两个以上有关联的指标进行比较，从数量上展示和说明这几个指标的差异性，从而揭示这些数据所代表事物的发展变化情况和规律性。使用对比分析法，可以直观地看到被比较指标之间的差异或变动，并通过数据量化的方式呈现出被比较指标之间的差距值。对比分析法使用简单、展示明了，被广泛使用。

1. 常用场景

（1）竞争对手对比　采用企业自身指标数据与竞争对手指标数据进行行业上的对比，目的是通过了解竞争对手的信息、发展策略及行动，对比企业自身情况后做出合理的应对措施，以达到企业优化和提升的效果。例如，对比竞争对手同类产品的销售状况，可以判断企业在行业中所处的地位，从而找到企业下一步的发展目标。

（2）目标与结果对比　将指标目标与实际完成值进行对比，以此分析出两者之间的差距以及差距的数值等情况。例如，对比企业年实际销售业绩与目标销售业绩，可以得出两者之间具体的差异点，企业可以总结产生这些差异的原因，并以此为基础指导日后的优化。

（3）不同时期对比　是对指标在不同时期的数据进行对比，以了解同一指标的发展情况。对比分析是为一个孤立的指标找到一个参照体系，否则，一个孤立的指标并不具有太大的实际意义。例如，2020 年淘宝天猫 GMV 达成 6.589 万亿，如果没有对比 GMV，仅是一个数字而已，我们并不知道这个数字代表的业务状况到底如何，业务是增长或是衰退。但如果我们把前三年的 GMV 数据也放在一起比较，可以了解到该指标在这三年内的变化情况及变化趋势。通过分析可得出的结论是：2020 年的 GMV 是增长的，从对比数据来看业务呈稳定上升趋势。

（4）活动效果对比　是对指标在活动开展前后的情况进行对比，能够反映活动产生的效果。例如，对比一场营销活动前后指标变化的情况，可看出活动开展是否有效果及效果是否明显。

2. 常见的对比分析方法

（1）同比分析　是对同类指标本期与同期数据进行比较。同比分析一般用于观察长期数据，消除了季节变动的影响，用以说明本期发展水平与上年同期发展水平对比而达到的相对发展速度。例如，本期 10 月对比去年同期 10 月；本期前半年对比去年本期前半年。计算公式：同比 = 本期数据/上年同期数据。

（2）环比分析　是对同类指标本期与上期数据进行比较，一般用于观察短期数据，常用来对同年不同时期的情况进行比较。例如，同年3月对比同年2月；同年第四季度对比同年第三季度。通过比较可看出数据在某一时间段随时间产生的变化情况和趋势。计算公式：环比=本期数据/上期数据。

（3）定比分析　是当前周期数据与固定周期数据的比值。计算公式：定比=本期数据/固定期数据。

对比分析作为最常用的数据分析方法，在操作时要做的不仅是对比，更重要的是分析和追踪；让分析结果落地，让数据产生价值，让分析产生价值。

3. 三种增长率的计算方法　在实际应用中，环比增长率反映数据连续变化的趋势；同比增长率消除了数据周期波动的影响；定基比增长率是将所有的数据都与某个基准线的数据进行对比，这种基准线往往是企业或产品发展的一个重要数据点，以此反映企业在经过这个重要基点后的发展情况。

（1）同比增长率=（本期数据－同期数据）/上年同期数据×100%。

（2）环比增长率=（本期数据－上期数据）/上期数据×100%。

（3）定比增长率=（本期数据－固定期数据）/固定期数据×100%。

（二）漏斗图分析法

从业务流程起点开始，到最后目标完成的每个环节都会有用户流失。因此，可借助漏斗图分析法来衡量业务流程每一步的转化效率（图9－1）。漏斗图分析法可以直观地呈现用户行为步骤以及各步骤之间的转化率，为运营提供辅助决策的意见，减少"漏掉"的用户数量，优化程序、提高业务成交量，提升业务规模。

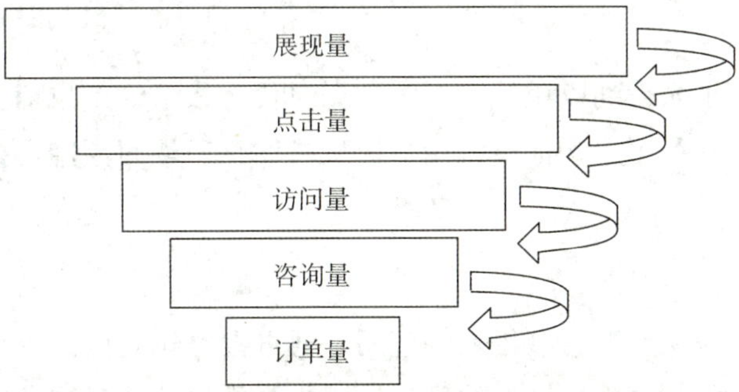

图9－1　转化漏斗图

1. 定义　漏斗图分析法是使用漏斗图展示数据分析过程和结果的数据分析方法，是一套流程式数据分析方法，它能够科学地反映用户行为状态以及从起点到终点各阶段用户转化率情况。该方法适合分析业务周期长、流程规范且环节多的指标。漏斗图分析法已经广泛应用于网站用户行为分析和APP用户行为分析的流量监控、产品目标转化等日常数据运营与数据分析的工作中。

漏斗图分析法的重要作用主要体现为可直观展示业务及其相应数据，同时说明数据规律，通过漏斗图分析法，企业可以快速发现业务环节中存在的问题，并及时优化和解决问题。漏斗图能实现完整闭环的数据分析，例如，对C企业某月内选购商品、添加购物车、订单生成、订单支付、完成支付这个购物闭环数据进行分析（表9－1）。

本节转化率=本环节人数/上一环节人数×100%，整体转化率=本环节人数/第一环节人数×100%。

表 9-1　C 企业数据某月内客户数据表格

环节	人数	环节转化率（%）	整体转化率（%）
选购商品	2000	0	100
添加购物车	1050	52.50	52.50
订单生成	600	57.14	30
订单支付	430	71.67	21.50
完成支付	350	81.40	17.50

2. 步骤

①确定研究对象，选定分析维度，即选定数据统计的角度，电商常用人、货、场、订单等。

②确定事件的开始和结束时间，即想要把漏斗模型应用于业务的哪个时间段。

③拆解用户路径，明确关键节点，即明确用户在该业务中的每一个步骤节点。

④指定关键指标，全面刻画业务，指导业务优化，即通过数据指标诠释业务现状和监控业务发展。

用漏斗图分析法分析转化问题，但是不同行业的业务流程不一样，分析图也不一样。如果把漏斗分析法原封不动地带入某个行业，不去结合所在行业的业务特点，那么分析出的结果很难具有业务指导性。所以，仅根据单一的漏斗图还无法直接评价各步骤中转化率的高低，还必须要将各转化率与行业数据、环比数据、同比数据等进行对比分析。

第二节　用户画像

用户画像最初是在电商领域得到应用的，在大数据时代背景下，用户信息充斥在网络中，将用户的每个具体信息抽象成标签，并利用这些标签将用户形象具体化，从而为用户提供有针对性的服务。

一、定义

用户画像是和数据挖掘、大数据息息相关的应用，通过数据建立描绘用户的标签的过程。用户画像的本质是用户需求描述，一种刻画用户需求的模型。用户画像在推荐系统、广告系统、商业分析、数据分析、用户增长、用户研究、产品设计、数据化运营、精准营销、量化风控等领域得到广泛应用。当想要选择某部分用户群体做精细化运营时，会用用户画像筛选出特定的群体。用户画像是一个复杂的系统，随着产品逐渐成熟，会根据不同的业务场景设计不同的标签。

知识链接

用户角色和用户画像的区别

用户角色（persona）是描绘抽象一个自然人的属性，是通过调研问卷、电话访谈等手段获得用户的定性特征。用户角色的前提是用户间有差异，因为存在差异，所以需要描述，是产品设计、运营人员从用户群体中抽象出来的典型用户。例如，在用户调研阶段，产品经理经过调查问卷、客户访谈了解用户的共性与差异，汇总成不同的虚拟用户。

用户画像（profile）是和数据挖掘、大数据息息相关的应用，通过数据建立描绘用户的标签。根据每个人在产品中的用户行为数据，产出描述用户的标签的集合。例如猜测这个用户是男是女、生活工作所在地、喜欢哪个明星、要买什么东西等。

二、作用

提取用户画像需要处理海量的日志，花费大量时间和人力。尽管是如此高成本的事情，大多数企业还是希望能给自己的用户做一份足够精准的用户画像。

那么用户画像有什么作用，能帮助我们达到哪些目标呢？大体上可以总结为以下几个方面。

1. 精准营销　是企业营销的关键，企业力求更精准、可衡量和高投资回报的营销沟通，需要更注重结果和行动的营销传播计划，也越来越注重对直接销售沟通的投资。依据用户画像进行精准营销使用的方式包括精准直邮、短信、APP 消息推送、个性化广告等。

2. 用户研究　用户画像可以帮助企业深入地开展用户研究，将用户的需求与企业宗旨相匹配，帮助企业定义产品的目标用户群，从而指导产品优化，甚至做到产品功能的私人定制等。

3. 个性化服务　根据用户的设定来实现，依据各种渠道对资源进行收集、整理和分类，向用户提供和推荐相关信息，以满足用户的需求。通过用户画像进行个性化服务可实现个性化推荐、个性化搜索等。

4. 业务决策　利用用户画像参与到企业日常生产经营活动中，可以更好地执行管理决策和提高日常业务工作效率决策。例如，排名统计、地域分析、行业趋势、竞品分析等。

答案解析

即学即练 9－2

用户画像的主要作用包括（　）

A. 精准营销　　B. 用户研究　　C. 个性服务　　D. 业务决策

三、流程

用户画像的核心工作就是给用户打标签，标签通常是人为规定的高度精炼的特征标识，如年龄、性别、地域、兴趣等。这些标签集合就能抽象出一个用户的信息全貌，每个标签分别描述了该用户的一个维度，各个维度之间相互联系，共同构成对用户的一个整体描述从而加以应用。用户画像的流程主要分为三个阶段，分别是数据采集、数据建模和用户画像的应用。

（一）用户画像准备阶段——数据采集

构建用户画像是为了还原用户信息，因此数据来源于所有用户相关的数据。用户数据划分为静态数据和动态数据两大类。

1. 静态数据　用户的人口属性、商业属性、消费特征、生活形态、客户关系管理（CRM）五大维度，其获取方式有多种，数据挖掘是最为常见也是较为精准的一种方式，如果数据有限，则需要定性与定量结合补充。定性方法有小组座谈会、用户深访、日志法、阶梯法、透射法等，主要是通过开放性问题潜入用户真实的心理需求，具象用户特征；定量更多是通过定量问卷调研的方式进行，关键在于后期定量数据的建模与分析，目的是通过封闭性问题对定性假设进行验证和获取市场的用户分布规律。

2. 动态数据　用户不断变化的行为信息，一个用户打开网页、买了一个杯子与该用户傍晚遛了趟狗、白天取了一次钱、打了一个哈欠等一样都是用户行为。随着互联网的发展，各种动态的行为数据都可以被记录下来。

以“网站购物”为例，为了抓取用户的人口属性和行为轨迹，可以先预设用户购物时的可能行为，包括访问首页、注册登录、搜索商品、浏览商品、价格对比、加入购物车、收藏商品、提交订单、支付订单、使用优惠券、查看订单详情、取消订单、商品评价等。把这些行为用程序语言进行描述，嵌入网页或者商品页的相应位置，形成触点，让用户在点击时直接产生网络行为数据（登录次数、访问时长、激活率、外部触点、社交数据）以及服务内行为数据（浏览路径、页面停留时间、访问深度、唯一页面浏览次数等）。数据反馈到服务器，被存放于后台或者客户端，就是我们所要获取到的用户基础数据。

实例分析 9 - 2

实例 双十一快到了，很多用户表示自己的双手已经准备好了。据悉，有一群人双十一不仅不用剁手，还能赚钱！这些人就是淘气值超过 1000 的淘宝用户。淘气值 1000 以上的用户自动成为 88 超级会员，而 1000 以下的用户是 88 会员。17 年双十一，淘宝给 88 超级会员发了专享的“特别大红包”，这些红包的使用无门槛。机智的小伙伴用来买投资金条，花 9943.9 元就能买价值 11532 元的黄金，作为不贬值的资本，直接卖出去就能赚上一千多。让人看了超级想把自己的淘气值赶紧刷到 1000。这些 1588 元的超级大红包，为什么只给淘气值 1000 以上的超级会员发呢？其实淘气值就是淘宝的用户画像标签之一，是能够真正帮助淘宝提升销售额的那种！

问题 淘宝的用户画像标签是如何建立的？

答案解析

（二）用户画像成型阶段——数据建模

1. 定性与定量相结合的研究方法 定性化研究方法就是确定事物的性质，是描述性的；定量化研究方法就是确定对象数量特征、数量关系和数量变化，是可量化的。定性的方法是对产品、行为、用户个体的性质和特征作出概括，形成对应的产品标签、行为标签、用户标签。定量的方法则是在定性的基础上，给每一个标签打上特定的权重，最后通过数学公式计算得出总的标签权重，从而形成完整的用户模型。所以说，用户画像的数据建模是定性与定量的结合。

2. 数据建模——给标签加上权重 用户的行为可以用 4W 表示：WHO（谁）、WHEN（什么时候）、WHERE（在哪里）和 WHAT（做了什么），具体分析如下。

（1）WHO（谁） 定义用户，明确研究对象，主要是用来进行用户分类，划分用户群体。网络上的用户识别包括但不仅限于用户注册的 ID、昵称、手机号、邮箱、身份证、微信号和微博号等。

（2）WHEN（时间） 这里的时间包含了时间跨度和时间长度两个方面。“时间跨度”是以天为单位计算的时长，指某行为发生到现在间隔了多长时间；“时间长度”则是为了标识用户在某一页面停留的时间长短。越早发生的行为标签权重越小，越近期权重越大，这就是所谓的“时间衰减因子”。

（3）WHERE（在哪里） 就是指用户发生行为的接触点，包含内容和网址。内容是指用户作用于的对象标签，比如小米手机；网址则指出用户行为发生的具体地点，比如小米官方网站。权重是加在网址标签上的，比如买小米手机，在小米官网买权重计为 1，在京东买计为 0.8，在淘宝买计为 0.7。

（4）WHAT（做了什么） 就是指用户发生了怎样的行为，根据行为的深入程度添加权重。比如，用户购买了权重计为 1，用户收藏了计为 0.85，用户仅仅是浏览了计为 0.7。

当上面的单个标签权重确定下来后，就可以利用标签权重公式计算总的用户标签权重：标签权重 = 时间衰减因子 × 行为权重 × 网址权重。如 A 用户今天在小米官网购买了小米手机；B 用户七天前在京东浏览了小米手机。由此得出单个用户的标签权重，打上“是否忠诚”的标签。

通过这种方式对多个用户进行数据建模，就能够更广地覆盖目标用户群，为他们都打上标签，然后按照标签分类：总权重达到0.9以上的被归为忠实用户，这样企业和商家就能够根据相关信息进行更加精准的营销推广、个性化推荐。

（三）用户画像的应用

目前我们已进入一个用户精细化运营阶段。在这个阶段中，我们可以借助用户画像，制定产品运营策略。

1. 个性化推荐　对于电商和内容类平台，将访问的用户细分为很多属性标签，根据用户实时标签变化不断地刷新用户模型，并不断刷新推荐的内容。例如，电商平台商品（淘宝）推荐和今日头条内容推荐，可根据标签组成用户画像模型，再利用他们的推荐算法机制匹配用户感兴趣的内容，做到个性化推荐，千人千面。

2. 广告精准营销　如今的移动广告投放已经完全应用用户画像作为投放依据，无论是电商、游戏还是其他品牌曝光，利用用户画像数据指导广告投放，不仅能够降低成本，还可以大大促进点击率及转化率，提升整体广告投放效果。

3. 辅助产品立项与优化　产品测试将功能先提供给匹配的画像用户，通过画像用户的反馈得到比较合理的优化意见，方便给产品做较为正确的迭代方向。例如，美图APP将功能提供给00后、爱拍照的女生等。

4. 个性化服务　某些行业为精准化找到的用户提供定制服务。例如，某服装设计公司将25岁以上职场男性作为目标用户，为他们定制季度服装搭配服务，每个季度根据用户的预算和喜好需求为他们推荐衣服搭配套装，并且提供一对一的设计师沟通，根据目标用户的需求直接提供解决方案。

当然，用户画像包含的内容并不是完全固定的，对于不同的用户群体、行业和产品，所关注的特征也有不同。用户画像必须基于理解用户开展，考虑不同的业务场景和业务形态。

实践实训

实训九　利用漏斗图分析法对客户数据进行整理

【能力目标】

能够结合课本知识对数据进行简单分析。

【任务描述】

通过实例建立漏斗图模型，并根据模型进行数据分析，了解漏斗图分析法的本质、优缺点及应用。

【任务实施】

步骤1　根据A公司2021年第n月内的客户数据（表9-2），计算环节转化率、整体转化率和客户流失率

各组通过小组共同讨论，选择合适的公式进行计算，计算结果准确并快速的前三个小组获胜并加分。

表 9－2　A 公司 2021 年第 n 月内的客户数据

环节	人数	环节转化率（%）	整体转化率（%）
选购商品	10000		
添加购物车	8000		
购物车结算	6000		
核对订单信息	4000		
提交订单	2000		
选择支付方式	800		
支付完成	400		

步骤 2　根据计算出的转化率，绘制漏斗图

各组根据步骤 1 的计算结果，利用 Excel 软件制作整体转化率的漏斗图。绘制准确并快速的前三个小组获胜并加分。

步骤 3　汇报展示

得分最高的小组选派代表上台进行汇报展示，说明漏斗图分析法分析数据的过程和结果，并总结该分析法的优缺点。

答案解析

目标检测

一、选择题

（一）最佳选择题

1. 用户画像是和数据挖掘、大数据息息相关的应用，通过数据建立（　）

A. 企业数据　B. 消费者内容　C. 描绘用户标签　D. 用户偏好　E. 用户属性

2. 用户画像的核心工作是（　）

A. 收集数据　B. 分析数据　C. 给用户打标签　D. 建立模型　E. 用户沟通

（二）多项选择题

1. 用户画像的作用主要包括（　）

A. 精准营销　B. 用户研究　C. 个性化服务　D. 业务决策　E. 市场调查

2. 用户画像的流程主要包括（　）

A. 数据采集　B. 数据建模　C. 用户画像的应用　D. 用户画像的识别　E. 数据清洗

二、判断题

1. 根据漏斗图可以直接评价各步骤中转化率的高低。（　）

2. 电子商务数据分析是用适当的统计分析方法对收集来的大量数据进行分析，提取有用信息和形成结论而对数据加以详细研究和概括总结的过程。（　）

三、综合分析题

结合课本所学内容，通过网络查询某企业近两年的出口额并分别进行同比、环比分析。

书网融合……

知识回顾 习题

第十章　医药电商网店运营

PPT

学习引导

随着医药电子商务网站的推广使用，越来越多的医药企业意识到网店运营的重要性。医药电商网店通过网店首页和详情页的有效设计，可以提高店铺转化率和客单价，也更有利于突出品牌及产品的卖点和独特性，树立良好的医药电子商务网店形象，更好地将企业良性信息传递给买家，配合恰当的运营手段，可以增强用户的信任感。

本章主要介绍网店装修的技巧和方法、网店商品发布的过程及常见的店铺动态评分标准。

学习目标

1. **掌握**　医药电子商务网店装修的技巧和方法。
2. **熟悉**　网店商品发布上架的流程。
3. **了解**　常见的店铺动态评分标准。

第一节　医药电商网店装修

一、医药电商目标人群分析

随着医药电子商务的发展，其所面对的消费目标人群越来越庞大。但由于消费者的职业、收入水平、性格、年龄、生活习惯和兴趣爱好不同，其所呈现的消费行为也有所不同，并且随着社会和经济的发展，消费者的心理需求也会不断发生变化。因此医药电子商务运营人员需要对消费者的各种消费行为进行全面分析，了解消费者产生消费行为的原因和目的，剖析消费者心理需求产生、发展和变化的过程，为店铺运营提供依据。

（一）消费者的购买意向

购买意向是基于消费者的态度而指向于未来的一种购买行为。当消费者对产品产生积极、支持的态度时，就可能产生购买该商品的明确意向。购买意向是消费者选择某种商品的主观倾向，表示消费者愿意购买某种商品的可能性，是消费者产生购买行为前的一种消费心理表现。一般来说，影响消费者购买意向的因素主要有以下 3 点。

1. 环境因素　环境因素会影响消费者购买意向，如冬季天气寒冷，感冒易发，抗病毒、风寒感冒药在该时段的需求会比其他时段大很多，购买人群也会增多。

2. 商品因素 主要是对商品的价格、品牌、质量、服务、广告和购买方便与否等因素进行考虑。如阿里健康大药房的商品优势在于品类齐全，促销活动众多，符合很多消费者的消费需求。

3. 消费者个人及心理因素 由于消费者自身购买能力和购买习惯等不同，会产生不同的购买意向，并且消费者的心理、感情和实际的需求各不相同，也会产生不同的购买动机。

综合以上因素，消费者在医药电子商务模式下的消费行为是不断变化的，因此，要准确了解医药电商消费者的购买意向，就要重视对目标消费人群信息的收集、发现并分析消费者的消费规律、研究消费者在医药电子商务网站上产生购买行为的原因。

（二）消费者的购买心理

购买心理就是消费者因为一定原因而产生购买行为的一系列心理活动，不同消费者的购物习惯会产生不同的购物心理。对客户的消费心理进行研究，可以更加准确地定位消费者的购买行为，制定更加符合消费者需求的运营方案。

1. 从众心理 即通常人们所说的“随大流”，它是指个体在社会群体的无形压力下，不知不觉或不由自主地与多数人保持一致的社会心理现象。特别是在当今人们更多地加入各种社会圈子的情况下，很多消费者都希望与自己所在的圈子保持同步，因此有这种消费心理的消费者也占据大多数。对于这一类型的消费者，商家可以通过宣传商品、增加商品热度来让消费者购买。

2. 实惠心理 持实惠心理的消费者追求的是物美价廉，一般为家庭妇女或中老年消费群体，他们看重商品的功能和实用性，对商品外观、样式等不太注重。对价格低廉、经久耐用的商品很感兴趣，且购买能力较强。如果商品定位于这样的消费群体，可以通过不断提高商品的性价比，提高商品的效用和功能，或在适当的时候进行有奖销售，来吸引更多的消费者。

3. 崇洋心理 对于进口商品特别是进口保健品来说，所吸引的人群多是具有崇尚外国文化心理的消费者，这类消费者较喜欢购买国外商品，尤其偏爱原装进口商品。在网站中销售这一类型的商品时一定要标明商品的原产地与进出口相关文件信息，以取得消费者的信任。

4. 习惯心理 很多消费者在购物的过程中会产生一定的偏向性，例如偏向于购买某种品牌的商品、只购买价格不超过某个范围的商品等。这一类型的消费者一般会在自己心中设置一个“心理预期”，当商品的实际价格或功能不能满足或超过预期时，就会选择其他商家的商品。

5. 名人心理 与“名人心理”相对应的是“名人效应”。名人效应就是因为名人的出现所产生的引人注意或强化事物、扩大影响的效应，或通过模仿名人的某些行为或习惯获得满足的现象。因此，可以将拥有名人心理的消费行为看作消费者对名人效应的推崇。通过明星代言、行业权威人士进行商品宣传都是对存在名人心理的消费者比较有效的方法。

（三）目标客户的年龄和身份

对客户的年龄和身份进行分析和定位，确定哪些客户是真实客户，对商家开展网店运营计划有着十分重要的作用。特别是在信息资源十分丰富的时代，很多客户其实并不了解自己的真正需求，运营者可以在分析客户的基础上对客户进行引导。

1. 定位客户的年龄 购买商品的用户年龄范围有多大，每个年龄阶段的用户有什么消费特点，是商家进行消费者年龄分析需要调查的主要内容。对于医药电子商务运营者来说，不同年龄阶段的客户对商品的需求不同，主要分为以下 3 个阶段。

（1）青年消费群体（16～35 岁） 具有追求时尚、表现自我个性、冲动消费的特征，喜欢潮流时尚、个性十足的商品，并且一旦喜欢就会迅速购买。

（2）中年消费群体（36～60 岁） 其个性和心理已经相当成熟，因此消费更加理智，不太注重商品的外观、时尚等，而是更注重商品的质量和性能，更喜欢选择实际效用高、价格合适的商品，购物有一定的计划性，能够自主判断事物和商品的好坏，对商家的推荐和介绍有自己的判断和分析能力，大多数中年人都愿意自己挑选中意的商品，广告或推广等宣传方式对他们影响较小。中年人是医药电子商务产品购买的主要人群，是需要商家进行认真分析的主要对象。

（3）老年消费群体（61 岁以上） 具有经验丰富、情绪平稳和冷静理智等特点，他们消费时往往从自己的实际需求出发，对商品的质量、价格和用途等都会仔细考虑，很少盲目购买，随着年龄的增长，老年人对健康和体力等相关产品需求更多，对医药产品的需求量逐年增加，商品是否便利、服务是否优质也是他们所关心的问题。

2. 定位客户的身份 不同身份的客户购物需求也不相同。医药电子商务运营者可以按照性别、生活习惯、消费习惯等方式定位客户的身份，如按照性别可以将客户的身份分为男性顾客和女性顾客。

（1）男性顾客的消费特点

①理智型消费：善于控制自己的情绪并能够冷静地处理各项事宜，不喜欢喋喋不休的推销。

②购买动机较为被动：可能因为家人的嘱咐、同事或朋友的委托或工作需要等原因产生购买行动，且喜欢事先做好商品的调查。不喜欢斤斤计较，注重商品的性价比。

③稳定性较好：不容易反复发生变化。

（2）女性顾客的消费特点

①冲动性消费较多，喜欢追求时髦和潮流。

②容易受外界影响而改变购买决策。

③挑选商品比较细致，对商品的价格、色彩、外观和包装等具有从众或炫耀等心理特征。

实例分析

实例 阿里健康是阿里巴巴集团“Double H”战略（health and happiness）在大健康领域的旗舰平台，是阿里巴巴集团投资控股的公司之一。目前，阿里健康开展的业务主要集中在医药电商销售、互联网医疗、消费医疗、智慧医疗等领域。阿里健康牵头成立的中国医药 O2O 先锋联盟，已经吸纳百余家线下连锁药店的万余家药房门店，为全中国过百个城市的消费者提供医药 O2O 服务。阿里健康借助阿里巴巴电商经验，打通全产业链的药品流通和销售体系，从而提升医药保健产品供应链效率。

问题 阿里健康所采用的的商业模式对于医药企业网店运营有何借鉴作用？

答案解析

二、网店首页设计与制作

设计美观大方的网店首页不仅能给消费者带来良好的第一印象，树立店铺的形象，使消费者对店铺的产品或服务产生较高的品牌信任度与忠诚度，提升店铺的转化率，增加客单价，而且还能通过统一的视觉形象提高店铺成员对店铺的认同感，增加凝聚力。

网店首页布局设计是网店首页装修设计中最重要的工作，合理的网店首页布局可以让消费者在购买过程中快速发现目标产品。如果布局不合理，消费者需要思考额外因素（如产品信息），影响体验时甚至会选择离开店铺。因此，网店首页布局的重点是位置，使消费者在最短时间内浏览到相关信息。

（一）网店首页布局的原则

1. 主次分明，中心突出 页面设计必须考虑视觉的中心，这个中心一般在屏幕的中央或者中间偏上的部位。因此，一些重要商品或内容一般可以安排在这个部位，在视觉中心以外的地方就可以安排那些稍微次要的内容。

2. 大小搭配，相互呼应 商品展示的图片安排要错落有致，使大小图像之间有一定的间隔，页面富有层次感，避免重心的偏离。

3. 页面布局的元素 包括格式美观的正文、和谐的色彩搭配、较好的对比度、生动的背景图案、大小适中的页面元素、布局匀称、不同元素之间有足够的空白、各元素之间保持平衡、文字准确无误、无错别字、无拼写错误。

4. 文本和背景的色彩 考虑到大多数人使用256色显示模式，因此一个页面显示的颜色通常只需要2～3种，并采用一种标准色。

5. 保持简洁与一致性 保持简洁的常用做法是使用醒目的标题，这个标题常常采用图形表示，但图形同样要求简洁；另一种保持简洁的做法是限制所用字体和颜色的数目。要保持一致性，可以从页面的排版下手，各个页面文本、图形之间保持相同的间距，主要图形、标题或符号旁边留下相同的空白。

（二）网店首页的基本组成

包括店铺招牌与导航、首页海报、主推商品、商品分类、商品陈列展示、搭配推荐、店铺尾页等。

（1）店铺招牌与导航 作为店铺的宣传部分，可置入品牌Logo、广告语、收藏、商品搜索等功能，引导买家进行购买。

（2）首页海报 占用面积大，内容丰富，一般用作品牌展示、新品展示或活动展示，可以放置3～5张，进行轮播展示。

（3）主推商品 置于首页最显眼的位置，用于宣传店铺最给力的活动和商品，买家进入店铺首页第一眼就可以看到店铺的爆款商品和潜在爆款商品。

（4）商品分类 将店铺的所有商品进行合理分类，让买家在最短的时间内快速了解店铺的分类信息，从而精确地查找买家所需要的商品。

（5）商品陈列展示 以不同的陈列方式进行展示，可以展示大分类信息中的不同类别。商品陈列展示时可出现该陈列区域的主推单品海报，既可以宣传商品又可以使整体页面美观、不单调。

（6）搭配推荐 在该模块左侧可以插入店铺首页的收藏模块、搜索模块、分类模块、客服模块等必备基础模块，在该模块右侧可以插入搭配商品区域、清仓区、特价区等商品模块，这样不但丰富了首页的布局，也可以增加店铺黏性，提升买家的忠诚度。

（7）店铺页尾 这是必不可少的装修模块之一，可以起到宣传、告知、激起买家兴趣等作用。

（三）店招与导航设计

店招与导航是网店品牌的展示窗口，一家网店只有一个店招，无论点击哪个页面，店招都会显示在最上方，所以店招与导航是店铺首页中最重要的部分。

1. 店招 即网店的店铺招牌，是网店装修中最重要的模块之一。对于买家来说，店招是其看到店铺后对店铺作出的第一印象判断，是建立自身对店铺认识的第一步。店招是商家用来展示自身店铺名称和形象特点的一种重要途径，可以由文字和图案组成，其表现的方式也十分灵活。网店店招的作用主要体现在留客的环节，只有当消费者进入店铺之后才可以看到店招，所以店招的设计要更多地从吸引客户、延长客户关注时间的角度去考虑。

店招的构成元素主要有背景、店铺名称、Logo、标语、促销信息等，颜色与网店首页的整体色调相统一。店招中既可以添加店铺名称或品牌名称，又可以标注店铺的性质。Logo 一般以品牌独有的图案为主，标语体现店铺的经营理念或者宣传口号。

2. 导航 是网店内容架构的体现，网店导航是否合理是网店易用性评价的重要指标之一。网店导航要做到便于浏览者理解和使用，让浏览者无论进入网店的哪一页，都非常清楚自己所在的位置，并且很容易返回网店首页。特别是对医药电子商务网站来说，由于消费者大多为中年以上，购买目的较为明确，所以导航的设计更应当简单明了，使消费者便于查找。

导航影响着买家的浏览路径和在店内的停留时间，让每一个导航成为店铺无形的“导航员”，可以节约买家的时间，因此在首页和内页都应该合理地设置导航，让买家顺畅地浏览。淘宝网店铺目前导航区最多可以添加 12 项一级内容，但是建议不超过 7 项，二级分类没有限制。

3. 首页海报 又称“首页焦点轮播图”，位于店铺首页店招导航下方的位置，它通常设置为 192px 全屏尺寸展示。首页海报处于黄金位置，占有较大的面积，是消费者进入店铺首页最先看到的、最醒目的内容，是消费者的第一视觉关注点。利用好首页海报轮播图，不仅可以加大店铺活动及产品的宣传力度，还可以提升店铺形象。

首页海报一般会设计为促销广告图、新品宣传图、爆款展示图等，可以用来进行品牌展示、新品展示、活动展示、打造爆款，同时还能以轮播的形式循环播放。

图形与图像、标志、文字及色彩是海报设计的构成元素，它们在首页海报设计中扮演不同的角色，各显神通，互相呼应，以形成统一的整体。在设计首页海报时，图形图像的形象要生动简洁，做到阅读省力，情理交融，有助于受众对所传达的信息产生关注、理解、记忆的效果，进而产生强烈的购买欲望。标志主要包括商品标志和企业形象标志两类，以期对受众达到最强烈的视觉效果。网店海报主要为营销内容，因此文字多采用活动文案，其标题一般分为主标题和副标题两类，主标题主要为活动的主题，副标题简要介绍本次活动的内容。不同类目的产品一般采用不同的色彩设计，药品类商品多用单纯的冷色调或暖色调来表现。冷色适用于消炎、退热、镇痛类药品；暖色适用于滋补、保健、营养、兴奋和强心类药品。

答案解析

即学即练 10－1

店招的高度建议不要超过（ ）

A. 190px　　B. 80px　　C. 10px　　D. 150px

三、商品详情页设计与制作

商品详情页是提高转化率的入口，它可以激发消费者的消费欲望，树立消费者对店铺的信任感，打消消费者的消费疑虑，促使其下单。商品本身虽然对转化率起着决定性的作用，但是好的商品详情页可以大大提高商品的转化率。

（一）打造商品详情页的原则

商品详情页的设计要与商品主图、标题相契合，详情页的内容必须能真实地介绍商品的属性，如标题或主图中体现的商品是补钙类保健品，但是设计出来的页面却是柔美风格，买家的第一感觉就是不符合标题所述，可能会马上关闭页面。因此，在打造商品详情页的时候需要遵循以下设计原则。

1. 策划文案　是商家打造详情页的关键步骤。一份优秀的详情页文案可以从两个角度进行策划：一是提炼商品的核心卖点；二是深度挖掘消费者的需求点。核心卖点主要包括商品的优势、特色、创新点和核心竞争力等，卖点是商家向消费者提出的独一无二的主张，具有长期传播的价值及品牌辨识度，可以从商品的使用价值、外在表现形式（如外观、质量、体积、视觉、包装等）、商品的附加价值（如服务、承诺等）等几个方面进行提炼；消费者的需求点则是从消费者的角度挖掘商品的特色，主要可以从商品能够满足消费者哪些需求来考虑，这里更多需要考虑的是消费者的“痛点”，也就是商品能够给消费者带来哪些急需的利益，给消费者带来的便利在哪里。

2. 表现形式　这里所指的表现形式就是将文字信息通过“图片＋文字”的形式展现给消费者，而不是以单纯的文字对商品进行描述。消费者看完详情页之后，买还是不买主要看商品表现形式是否打动了消费者的心。不要将详情页设计得像商品的说明书一样，没有消费者愿意一字一句地去了解商品，卖家需要做的是将文字中的卖点提炼出来，并通过图片的形式展现出来。

3. 色调统一　商品详情页的色调是能够给消费者传达心理暗示的一种最直接的方式，消费者会根据这个面对商品页面的第一感觉去浏览商品详情页。详情页的色调一方面要与店铺的整体定位相一致，同时要随着店铺促销活动主题的变化而适当调整部分内容。

（二）详情页的图片尺寸

各大电商平台都有各自不同的详情页图片尺寸和标准，主流平台PC端详情页的图片建议尺寸见表10－1。

表10－1　主流平台PC端详情页的图片尺寸建议

平台	详情页建议图片宽度	详情页单张图片高度
淘宝网	≤750px	≤1500px
天猫商城	≤790px	≤1500px
京东商城	≤790px	自定义

淘宝网对详情页的使用建议：图片不宜超过25张，图片宽度不宜超过750px，高度不宜超过1500px，常用的图片格式有JPG、PNG和GIF动态图片，详情页单图大小建议为120kb左右，高度1500px以内的图片最大不宜超过300kb。

（三）详情页的结构布局

商品详情页的重要性主要体现在营造良好的用户体验方面，合理的商品详情页布局能够将商品的信息精确地传递给消费者，商品详情页一般从上至下包括促销信息、参数信息、产品展示、细节描述、卖点展示、商品介绍、品牌说明、购物保障和关联推荐等。

（四）商品详情页设计的步骤

商品详情页的设计可以根据消费者的诉求和购买心理来确定设计的主要内容。从营销学角度分析，详情页设计可以按照以下4个步骤进行。

1. 聚焦商品主图，锁定目标客户，吸引消费者关注 吸引买家关注、延长买家页面停留时间是详情页设计的第一步，也是关键一步。在详情页的开始增加相应的店铺促销活动界面能更好地引起消费者的兴趣。促销的主题一般为价格、折扣或者赠品，因此这些内容应该是放在视觉焦点上的、被突出和放大的元素。

当买家进入店铺时，要让其快速地切换到焦点图，迅速吸引和抓住消费者的眼球，同时让消费者明白这个商品是什么、商品的服务对象是谁、有什么特色。因此好的商品主图设计通常包括商品展示、广告语、用户对象、核心卖点、名称和价格等，见图 10－1。

2. 灵活运用场景图，激发客户潜在要求 任何一笔订单的成交都是因为商家的产品或服务满足了消费者某种需求。如商家卖保健类药品，满足了消费者对健康的需要；商家卖消炎类药品，满足了消费者想抗炎的需求；商家卖保健类食品，满足了消费者品尝美味、保证健康的需求。

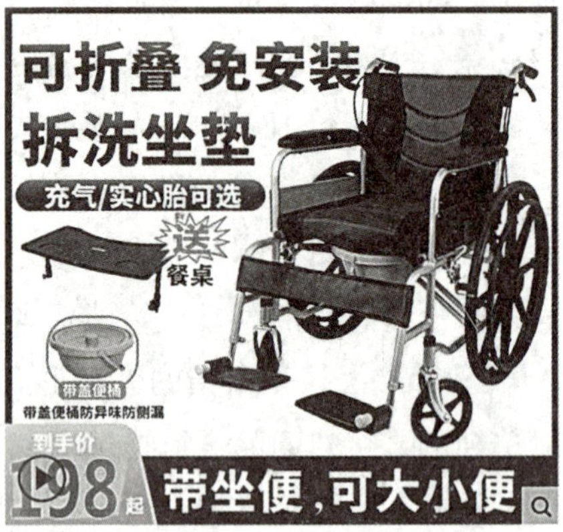

图 10－1　商品焦点图，吸引消费者关注

需求分为两类：一类是直接需求，一类是潜在需求。直接需求指的是消费者明确知道自己现在要买什么东西，这类消费者通常会看一下主图和价格，简单浏览一页就会直接下单付款。潜在需求指的是消费者可能还没想到要买这个商品或者这个品牌的商品，但是商品主图、标题及详情页的图文设计激发了购买的欲望和需求，这一类消费者要精心设计好商品主图和详情页，以促使消费者下单付款。

激发潜在需求的核心要点是攻心。攻心的方式主要是通过图文结合引发消费者心灵需求的共振。一般采用场景图、模特图、品牌故事图等，以激发消费者的潜在需求。

3. 多角度商品实拍，增强客户信任度 在营销过程中，商品信息图、参数图、实拍图、多角度全方位展示图、细节图、PK 图和买家评价图都是有力的工具，特别是买家对商品的评价会对其他消费者的购买产生较大的影响。

为增加客户信任度，商家要在详情页中列出参数信息图，把与商品相关的属性展现出来，让消费者清楚地了解商品。例如，品名、配料、规格、使用方法、包装、产地、保存日期等。

商品实拍图，指商家对店铺内的商品进行实物拍摄的图片，以达到多角度、近距离观察的真实效果，让消费者对商品品质有零距离的感受。建议在详情页中放置 5～8 张商品实拍图及细节图以明确告诉消费者商品的卖点及非买不可的理由。

4. 细化文案设计，引导消费者做出购买决定 通过前面 3 个步骤的设计，可以促使消费者对商品产生购买欲望，而详情页的文案策划更要让消费者看到购买商品后的优良感觉。通过设计展示代表公司文化和品牌实力的图片，增强消费者购买的决心，并为消费者购物解除后顾之忧。在详情页最后可以添加售后须知，包含快递、邮费、退换货等消费者关心的问题，为吸

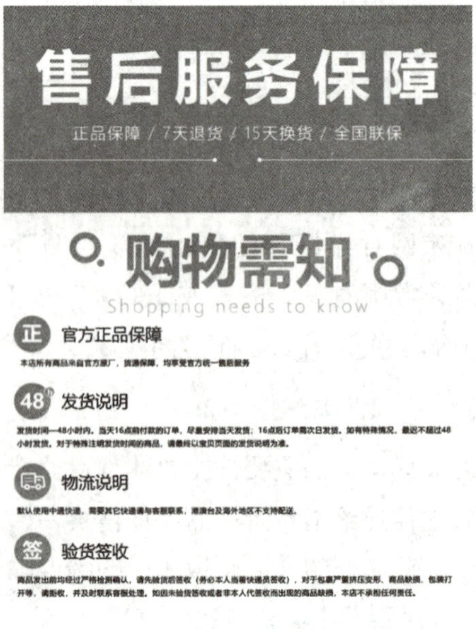

图 10－2　售后服务保障说明图

引其下一次购买打下基础（图10-2）。

知识链接

商品图片处理工具

随着电子商务行业的兴起，网店运营者对于店铺图片的要求越来越高。对于网店运营者来说，使用美观大方、合适的图片能有效提高商品曝光率，从而提高店铺转化率。在网店装修阶段，几乎所有的图片都需要经过后期的处理。目前应用最广泛的图片处理软件为Adobe Photoshop CC 2019，其专长在于图像处理。图像处理是对已有的位图图像进行编辑加工处理以及运用一些特殊效果，其重点在于对图像的处理加工，目前广泛应用于平面设计、广告摄影及网页制作方面。

第二节 网店商品信息维护

一、商品信息采集

（一）作用

在实体店，消费者可以通过五官去感知实物，可以通过看、尝、摸、闻、听等了解商品；而网购，买家只能通过卖家提供的图片和文字及拍摄的视频了解商品。如何让自己的店铺能够在众多店铺中脱颖而出，更能吸引买家的眼球，店铺设计、商品呈现方式就显得尤为重要。所以说视觉营销是做好网店运营必不可少的营销手段之一。所谓视觉营销就是利用色彩、图像、文字等造成的冲击力吸引潜在顾客的关注，由此增加产品和店铺的吸引力，从而达到营销制胜的效果。视觉营销在电子商务中所起到的作用是增加商品被顾客发现的机会，影响顾客购买的决策，向顾客展示商家的专业程度，体现整体的服务意识从而增加顾客的信任。最终的目的不仅仅是促使与顾客达成某一笔交易，而是成功地在顾客心目中树立该商家或品牌的形象。这就是商品信息采集所要达到的作用。

（二）主要内容

1. 商品的外部特征 即商品的“形”。商品外部特征采集的要点在于角度选择和构图处理，主要注意的就是不要失真，在对商品整体展现时要符合人们在现实中对该商品认知的视觉习惯。

2. 商品的色彩 商品的色彩采集在于色彩还原一定要真实，将环境对于商品色彩表现的干扰降到最低。

3. 商品的质量、质地、质感 这是对商品信息采集深层次的要求，也是展现商品品质，提升价值的重要手段。

4. 商品的分类信息 分类信息的采集在商品上架过程中显得至关重要，如果出现分类错误，商品将被下架处理。

二、商品信息发布

在完成网店整体装修、商品信息采集之后，接下来的流程就是商品的发布和管理。商品发布之前，需要完成4项准备工作，分别为商品标题、商品属性、商品图片和商品描述。

（一）商品标题

1. 组成　商品标题一般由60个字符（即30个汉字）构成，其中1个标点符号是1个字符，1个汉字是2个字符。商品标题在商品描述页的最上方。随着信息技术的提升，虽然消费者在网上搜索商品时，可以通过图片来进行精准搜索，但更多人仍是通过商品标题来完成。产品标题中的词分为品牌词、类目词、属性词、长尾词、促销词等，一个优秀的商品标题应该是经过多层挑选各类词之后而形成的，能够被消费者快速精准地搜索到。

在商品发售之前，先要有一个合适的标题。拿保健品行业举例，现在要设置一个补钙类保健品的标题，先要找到这个行业合适的关键词。通过对行业产品的标题分析，我们可以轻松地找到有关保健品类的词并挑选出来。比如我们卖的是青少年补钙的产品，那么可挑选出“补钙 青少年”“补钙 长个”这一类和产品相关的关键词。在挑选这些词之后，如果词太多，我们不可能将所有词都放到标题里进行组合，这时就需要对这些词进行挑选。挑选的方式可以通过公式进行：搜人气×点击率×转化率。

经过以上选择，得到的数据越大，挑选出来的词在流量与转化上越精确。

观察竞争对手的成交关键词，也可以获取到有参考价值的成交词，可将这些词放到筛选词范围之内，再到生意参谋查阅关键词的流量；还可以通过淘宝搜索的自动下拉框来选词。

2. 优化　采集到足够的关键词后，将其进行汇总整理，并进一步优化标题。目前常用的关键词设置规则是“上位关键词＋主关键词＋下位关键词组合”得到商品标题。上位关键词包括产品的品牌、所属行业、所属类别等，其对主关键词起到限定作用；主关键词即选择的字词与发布信息的主题相关的核心关键词，在淘宝网中，主关键词可以是产品名称；下位关键词是指主关键词所具有的功能属性特征。

> **即学即练 10－2**
>
> 答案解析
>
> 商品标题可以通过（　　）等指标来挑选。
>
> A. 人气数　　B. 点击率　　C. 转化率　　D. 客单价

（二）商品属性

商品属性是指发布的商品所属的类型、商品的颜色、特征、功效、价格区间等。如我们要发布血压计的商品属性，那么需选择的分类见图10－3。

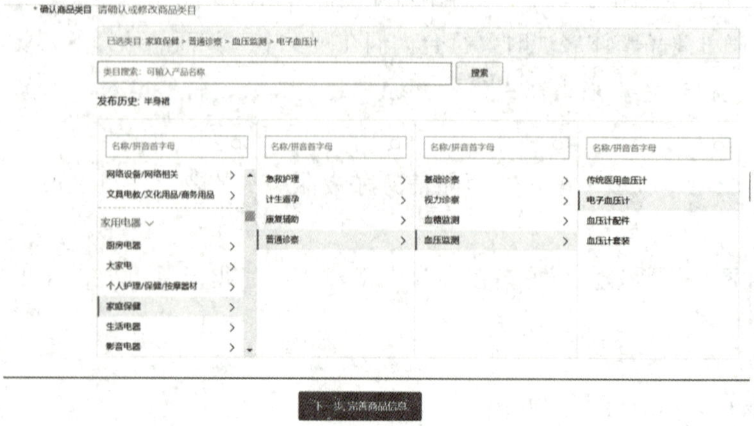

图10－3　电子血压计类目图

（三）商品主图

无论买家是通过关键词搜索还是通过类目搜索，展现在消费者眼前的最终图片就是商品主图，因此，商品主图的优劣是影响消费者关注及影响点击率的主要因素。也就是说，通过一张引人注目的主图可以节省一大笔推广费用，这也是一些店铺在没有做任何付费推广的情况下依然可以吸引很多流量的原因。据调查，商品主图是目前消费者进入商家店铺的最先入口，设好商品主图尤为重要。商品主图影响了点击率，详情页影响转化率，商品主图是详情页的精华所在，是整个详情页的缩影，因此商品主图在商品发布中起着至关重要的作用。

商品主图是将商品以最直接简要的角度进行拍摄展示，往往显示在商品详情页最上方，是消费者对商品的第一视觉印象，一般由 5 张正方形的图片组成，第一张图片一般为商品的全身图。

目前很多商家通常都会在商品主图上放很大的字作为促销信息，以至于遮盖了商品主体，这种做法在提升点击率上固然有效，但是会严重影响搜索页面的美观度，同时也会限制商品的视觉价值，严重影响消费者的消费体验。因此，大部分类目对商品的主图有明确的设计要求，尤其是天猫商城。一般来说，主图的设计应遵循以下几点规范。

（1）商品主图大小　商品主图一般采用正方形图片，图片的最小尺寸为 310px × 310px，不可以放大。淘宝网官方建议商品主图尺寸为 800px × 800px 至 1200px × 1200px，该尺寸的图片可以放大。

（2）突出主题　在设计商品主图的时候要突出主题，背景一般采用纯色。纯色的好处就在于更加突出商品，给人一种清晰、干净的感觉，同时更容易添加文字说明。

（四）商品描述

商品描述主要包括商品的细节图片、商品的形象图片、商品的具体规格及其他信息等。

（五）商品的发布流程

以淘宝网为例，具体流程如下所示。

（1）单击“我是卖家”—“宝贝管理”—“发布宝贝”。

（2）选择宝贝所属类目，完善商品信息（图 10 – 4）。

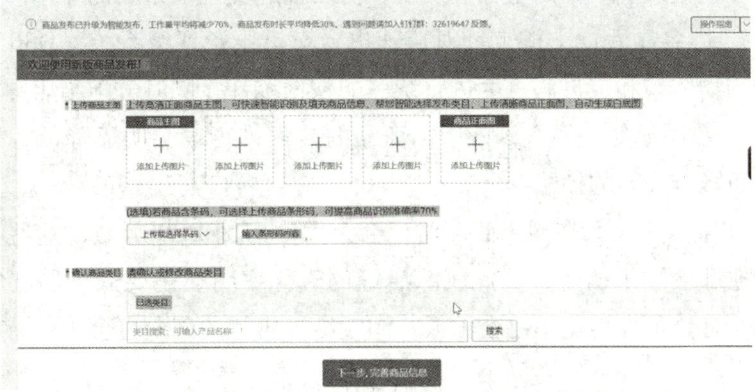

图 10 – 4　商品发布

三、商品信息更新

商品发布上架之后，如果发现商品信息不完善或者有错误，还可以打开宝贝发布页面，对商品价格、名称、描述等进行重新编辑。重新编辑后可以择机重新上架商品。

第三节　店铺动态评分管理

一、概述

在早期的电子商务经营活动中，买卖双方完成交易后，可以进行信用评价，信用评价只有简单的好评、中评和差评。随着电子商务的不断发展，电子商务交易额逐年攀升，网店运营技巧和手段越来越多，人们对电子商务的服务质量要求也越来越高。2009 年 2 月 15 日淘宝动态评分系统正式上线，随后京东等大型电子商务平台也设置了动态评分。动态评分作为判断店铺好坏的最直接的一个标准，是值得每个卖家给予重视的。

店铺评分是自然搜索权重的影响因素之一，也是淘宝官方活动要求的基本指标之一。它不仅代表着店铺的形象和综合实力，更是一种诚信度和信赖依据。高于行业的评分可以更快地获取客户的信任和选择，反之则容易引起客户的质疑和流失。

二、店铺动态评分的意义

店铺动态评分制度对交易双方来说都是有益的。对买家来说，一是评价信息更详细了，可以通过三方面（宝贝质量、服务态度、发货速度）更加全面地了解卖家在已购买过商品的买家心中的满意度；二是评价信息更新鲜了，买家看到的店铺动态评分都是近 6 个月的，了解卖家最新的评价信息是买家最想要的信息。对卖家来说，一是评价更客观了，区分了对卖家和对物流公司的评分，卖家不用因为物流公司的服务差而得到低分。当卖家发现“物流公司服务”项得分非常低时可以考虑更换合作物流；二是店铺发展不受历史约束，很多卖家对历史低分都会耿耿于怀，而店铺动态评分给每个卖家的机会都一样，只会将 6 个月的评分展示给买家，让卖家放开心，最大化地提高店铺的综合品质。

店铺动态评分制度直接影响店铺的生存和发展，对店铺起到至关重要的作用。

1. 影响搜索排名（排名靠后）　淘宝针对店铺出台卖家服务评级系统（DSR）考核标准，就是为了对买家针对店铺的购物体验和宝贝满意度进行统一的数据统计，同时分配给店铺不同的扶持和好处。

如果店铺的 DSR 分数明显低，那么，该店铺商品的搜索排行也会明显降低，排名直接影响到商品流量引进的多少，继而影响商品的销量。

2. 影响转化率　淘宝众多买家在购买商品时，会去关注店铺 DSR 分数，这些买家往往存在从众心理，其他买家的反馈他都会拿来衡量，因此飘绿店铺的转化率明显是要低于飘红店铺的。若店铺 DSR 分数长期飘绿，那即使有流量，转化率也会偏低，淘宝给予店铺的流量也会不断持续降低，由此构成恶性循环。

3. 活动受到限制（针对活动对 DSR 的要求）　淘宝官方活动、大促报名、U 站活动的参与都会有严格的 DSR 分数限制，活动可以提升店铺宝贝曝光率、积累老客户、提升新品销量等。若店铺 DSR 分数偏低，会直接影响到后期店铺活动的报名和审核。

4. 金牌卖家的打标　金牌卖家目前成为淘宝 C 店的一个重点优势标志。很多买家越来越青睐去金牌卖家购买商品，金牌卖家的服务态度、购物体验、售后体验、宝贝性价比等因素都是高于其他非金牌卖家店铺的。DSR 分数则是考核店铺能否成为金牌卖家的一个重要因素。

三、常用的店铺动态评分标准

（一）淘宝网的店铺动态评分标准

淘宝店铺动态四项评分：宝贝与描述相符、卖家的服务态度、卖家发货的速度、物流公司的服务。每项店铺评分取连续六个月内所有买家给予评分的算术平均值。

买家在交易成功后，可对本次交易订单的卖家进行如下四项打分：

四项指标打分分值：1 分－非常不满；2 分－不满意；3 分－一般；4 分－满意；5 分－非常满意。

给买家的打分参考标准：

1）宝贝与描述相符

5 分－质量非常好，与卖家描述的完全一致，非常满意；

4 分－质量不错，与卖家描述的基本一致，比较满意；

3 分－质量一般，没有卖家描述的那么好；

2 分－部分有破损，与卖家描述的不符，不满意；

1 分－质量差，与卖家描述的严重不符，非常不满。

2）卖家的服务态度

5 分－卖家的服务太棒了，考虑非常周到，完全超出期望值；

4 分－卖家服务挺好的，沟通挺顺畅的，总体满意；

3 分－卖家回复很慢，态度一般，谈不上沟通顺畅；

2 分－卖家有点不耐烦，承诺的服务也兑现不了；

1 分－卖家态度很差，还骂人、说脏话，简直不把顾客当回事。

3）卖家发货的速度

5 分－卖家发货速度非常快，包装非常仔细、严实；

4 分－卖家发货挺及时的，运费收取很合理；

3 分－卖家发货速度一般，提醒后才发货的；

2 分—卖家发货有点慢的，催了几次终于发货了；

1 分－再三提醒下，卖家才发货，耽误时间，包装也很马虎；

4）物流公司的服务

5 分－物流公司服务态度很好，运送速度很快；

4 分－物流公司态度较好，送货速度较快；

3 分－物流公司服务态度一般，运送速度一般；

2 分－物流公司服务态度挺差，运送速度太慢；

1 分－物流公司态度非常差，送货慢，外包装有破损。

（二）京东的动态评分标准

京东店铺的综合评分包括商品评分、服务评分、时效评分三个标准。京东店铺的综合评分计算公式是：店铺综合评分 =（商品评分 + 服务评分 + 时效评分）/3。

1. 商品评分　包括商品质量满意度、商品描述满意度和退换货。前面两项是客户评价及运营指标，是客户完成订单后进行评价结果给予打分。客服可以根据自己店铺的用户评价，进行评价的优化，跟买家进行沟通进行评价的修改。

2. 服务评分 包括卖家服务态度满意度、配送人员态度满意度、退换货处理满意度、在线客服满意度、工单回复率这几个方面组成。其中前4项都属于客户评价范围，最后1项属于运营指标。根据客户评价，卖家可以在售前、售中、售后跟客户持续保持沟通，以发现问题并及时处理，从而减少差评的评价率，提高客户的评分。工单回复率的算法公式是：工单回复率=1－（3H超时量/工单量），这项评分是越高越好的。

3. 时效评分 主要包括物流速度满意度、发货及时率、退换货处理时长、在线客服响应时长这几个方面。除了第一项属于客户评价之外，后三项都是运营指标。这四个指标中，前三个都是越高越好，最后一个是越短越好。所以在客户评价方面，一定要加强沟通，把差评扼杀在摇篮里。在运营指标方面，要提高运营人员的素质，比如提高客服的应答时间和效率等。

答案解析

目标检测

一、选择题

（一）最佳选择题

1. 网店装修首页设计中最重要的工作是（ ）

A. 网页布局设计　　B. 店招设计

C. 导航栏设计　　D. 页尾设计

2. 一般情况下，具有消费理智，追求商品质量，购物有计划性，是下列哪一个年龄段消费者所具有的特点（ ）

A. 儿童消费群体　　B. 青年消费群体

C. 中年消费群体　　D. 老年消费群体

（二）多项选择题

1. 网店首页基本组成部分有（ ）

A. 店铺招牌与导航　　B. 首页海报　　C. 主推商品

D. 商品分类　　E. 店铺页尾

2. 店铺动态评分的作用主要体现在（ ）

A. 影响搜索排名　　B. 影响转化率　　C. 活动受到限制

D. 店铺商品上架数量　　E. 金牌卖家的打标

二、判断题

1. 为了能够更好地展示商品的细节，详情页图片越多越好。（ ）

2. 为了追求个性，提高转化率，网店名称越复杂越个性越好。（ ）

书网融合……

知识回顾　　习题

第十一章　医药电商客户服务与管理

PPT

学习引导

随着医药电商行业的发展，客户服务在该行业的重要性也越来越突显。在医药电商各岗位中，客服是唯一能够跟客户直接交流的岗位，能够给客户带来良好的消费体验，从而影响客户的购买行为。通过良好的客户服务和合理的客户管理，医药电商能更快、更好地发展起来。那么什么是医药电商客户管理？如何进行客户服务呢？

本章主要介绍医药电商客户管理的概念和流程、医药电商客户的售前服务和售后服务等相关知识。

学习目标

1. **掌握**　客户关系管理的概念、作用及流程。
2. **熟悉**　医药电商客户开发的方法；客户关系维护和客户分级管理的技巧。
3. **了解**　客户管理中售前和售后的服务方法。

第一节　医药电商客户管理

一、概述

（一）客户关系管理

客户关系指的是围绕客户生命周期发生、发展的信息归集。客户关系管理是一种以“客户关系一对一理论”为基础，旨在改善企业与客户之间关系的新型管理机制。最早发展客户关系管理的国家是美国，在1980年初便有所谓的“接触管理”（contact management），即专门搜集客户与公司联系的所有信息，到1990年则演变成包括电话服务中心支持治疗分析的客户关怀（customer care），之后开始在企业电子商务中流行。

客户关系管理（customer relationship management，CRM）最初由Gartner Group提出，指的是企业为赢取新客户、维护老客户，以不断增进企业利润为目的，通过不断地沟通和了解客户，达到影响客户购买行为的目标。即通过对客户详细资料的深入分析来提高客户满意度，从而提高企业竞争力的一种手段。CRM的核心是“以客户为中心”，提高客户满意度，培养和维持客户忠诚度。

综上所述，医药电商客户关系管理是一种以医药电商客户为核心的商业策略，借助信息技术和互联网，以客户为导向实施营销、销售、服务等一系列工作，力求与客户之间建立持续性的关系，从而达到吸引新客户、留住老客户、提高忠诚度和客户利润贡献度的目的。

（二）客户关系管理在医药电子商务中的重要作用

1. 降低医药产品客户开发、维护成本 客户关系管理可以增强老客户对医药商品和网上药店的信任感，通过情感维护，保持老客户在网上药店消费的习惯，节省向老客户进行宣传和促销的费用。

2. 缩短交易流程，减低交易成本 例如，客户长期在店内购买保健品，已熟知店内商品发货时间、常用快递等信息，在选购商品时，就可以省去询问客服关于物流等问题的环节。而且作为老客户，清楚每次代金券的领取页面和使用门槛，几乎不用找客服咨询。

3. 促进购买量和交叉购买 例如，客户长期在店内购买某款口罩，当他需要购买其他消毒用品时，可能优先考虑来店内看看。

4. 给网上药店带来更多利润 客户关系管理使药店有相对稳定的网络客户群体，能稳定销售，降低经营风险。例如，一名新客户关注店内的阿胶，由于价格比较高，可能会有所犹豫；但如果是一名经常来购买的老客户，她对店铺商品的质量足够信任，那可能会忽略价格因素而进行购买。

（三）客户管理的流程

客户管理首先应对客户进行识别和选择，以支持医药电商企业在合适的时间和合适的场合，通过合适的方式，将合适价格的合适产品和服务提供给合适的客户。其基本流程如下。

1. 客户信息资料搜集 主要指搜集、整理相关资料，以分析谁是企业的客户，客户的基本类型、需求特征和购买愿望，并在此基础上分析客户差异对医药电商企业利润的影响等问题。

2. 客户信息分析 不能仅仅停留在对客户信息数据的分析上，更重要的是对客户的态度、能力、信用、社会关系进行评价。

3. 医药电商客户服务管理 主要内容包括服务项目的快速录入、服务项目的安排、调度和重新分配、事件的升级、搜索和跟踪与某业务相关的事件、生产的实践报告、服务协议和合同、订单管理和跟踪、建立医药产品客户服务问题及其解决方法的数据库。

4. 客户时间管理 主要内容为安排客户管理日程，涉及约见客户与活动计划冲突时，系统会及时提示，进行客服事件和团队事件安排，以免发生冲突，并把事情的安排通知相关人员进行处理，如任务表、预算表、预告与提示、记事本、电子邮件、传真及配送安排等。

二、客户开发

（一）客户开发的方法

要开发客户，提高客户的忠诚度，可以在正确识别客户的基础上按照以下三个步骤发展客户关系。

1. 对客户进行差异分析 客户之间的差异主要有两点：第一，客户对于公司的商业价值不同；第二，客户对于产品的需求不同。因此，对客户进行有效的差异分析，可以帮助企业区分客户、了解客户需求，进而更好地配置企业资源，改进产品和服务，牢牢抓住客户，取得最大的利润。

2. 与客户保持良好的接触 客户关系管理的一个重要组成部分就是降低与客户接触的成本，增加与客户接触的成效。一方面可以用互联网上的信息交互来代替人工的重复工作；另一方面需要及时、充分地更新客户的信息，从而加强对客户需求的透视深度，更精确地描述需求画面。具体来讲，就是把与客户的每一次接触或者联系放在“上下”的环境中，对于上一次接触或者联系何时何地发生，都应该清楚了解，从而可以在下次继续下去，形成一条连续不断的客户信息链。

3. 调整产品或服务以满足每个客户的需要　要进行有效的客户关系管理，将客户锁定在“学习型关系”之中，企业就必须因人而异，提供个性化的产品或服务，其调整点不仅是最终产品，还应该包括服务。客户关系的进展程度与企业客户管理和服务水平紧密相关，建立客户关系的过程还要注重对客户进行感情投资，与客户接触的各个方面都应让客户感到亲切；尽可能给客户更多方便和更多选择；为客户提供个性化的服务，更有效地满足客户需求；提供快速、有效的客户服务，建立客户服务快速反应机制。

在进行客户管理时，既要确保重要大客户的优先服务，也要照顾到中小客户的服务质量。

（二）客户价值

客户价值是客户细分管理的基本依据，通过客户价值分析，能使企业真正理解客户价值的内涵，从而针对不同的客户进行有效的客户关系管理，使企业和客户真正实现双赢。

1. 含义　从客户的角度看，客户需要从购买的产品和服务中得到需求的满足，因此客户所认为的客户价值是客户从某种产品或服务中所能获得的总利益与在购买和拥有时所付出的总代价的比较，即客户从企业为其提供的产品和服务中所得到的满足。

从企业的角度看，企业需要从客户的消费购买中实现企业的收益，也就是客户的盈利能力。因此企业所认为的客户价值是企业从与其具有长期稳定关系并愿意为企业提供的产品和服务承担合适价格的客户中获得的利润，即客户对企业的利润贡献。长期稳定的关系表现为客户的时间性，即客户生命周期。因为一个偶尔与企业接触的客户和一个经常与企业保持接触的客户对于企业来说具有不同的客户价值，这一客户价值的衡量是根据客户消费行为和消费特征等变量所测度出的客户能够为企业创造出的价值。

2. 客户价值分析的意义　客户价值的理解是企业管理的关键，如果没有评价客户价值的要素标准，就无法使企业的客户价值最大化。如果不知道客户的价值，企业就很难判断什么样的市场策略是最佳的。因为企业不知道自己的客户现在值多少钱，所以可能浪费企业的资源，企业可能不知道什么样的客户是有价值的，也不知道应从竞争对手那里抢过多少客户。这样一来，企业就很盲目。客户价值可以帮助企业很清楚地发现哪些客户更值钱，而通过客户价值分析可以有效地帮助企业发现最有价值的客户，并知道应该为获得或保留这些客户投入多少。

知识链接

Jeanke 、Ron、Onno 的顾客价值模型

Jeanke、Ron、Onno 的模型从供应商和顾客两个角度，描述了随着业务发展，价值从一个模糊的概念到市场上的具体产品的整个过程。对供应商而言，依据的是他所感觉到的顾客需求以及企业本身的战略、能力和资源，形成“想提供的价值”的概念。由于企业条件或产品开发与市场脱节等原因，企业以“想提供的价值”为基础，设计出以具体产品或服务为载体的“设计价值”，两者之间存在“设计差距”。对顾客而言，顾客从自身角度出发希望获得的是“想要得到的价值”。由于社会环境、科技的发展程度等客观因素的限制，市场上提供的产品不可能与顾客想得到的价值完全吻合，因此存在“折衷差距”和顾客的“期望价值”。

由于供应商与顾客之间存在对于顾客需求的不对称信息，或是企业在顾客需求调查过程中，过多地掺杂了企业自身的思想，对顾客需求的分析未必客观准确，所以“想提供的价值”与顾客“想得到的价值”之间存在“信息差距”。顾客的主观性价值感知，使“期望价值”与设计价值间出现“感知差距”。当顾客使用产品后，所“得到的价值”与期望价值之间的差距为“满意差距”。通过缩小各个差距，企业就可以提供真正为顾客所需的价值。

即学即练 11－1

答案解析

（　）是企业管理的关键，如果没有评价客户价值的要素标准，就无法使企业的客户价值最大化。

A. 客户价值的理解　　B. 提高客户忠诚度

C. 促进业务完善　　D. 维护好大客户

三、客户关系维护

在网络经济下，客户是企业最重要的虚拟资产或潜在资产，客户保持就是供应商维持已建立的客户关系，使客户不断重复购买产品或服务的过程，从而为企业创造更多的价值。

电子商务环境下市场透明，缩小了企业、客户、竞争者间的距离，使客户非常容易流失和转变，客户保持实际上就是一个建立和保持客户忠诚的过程。客户利润的核心是客户忠诚，客户忠诚是客户保持的目标，高度的客户忠诚是客户不断重复购买的保证。只有把客户忠诚的理念作为其保持战略的着眼点，通过各种努力达到客户忠诚，才能有效地保持住客户。

（一）客户忠诚的建立

客户忠诚是客户在购买企业产品和服务的过程中体验各因素的结果，因此，建立客户忠诚的过程是从客户与企业或客户与产品接触开始的。

（1）只有当客户对产品和服务具有满意和愉悦感时，客户才可能对企业产生信赖，才会被企业锁定，成为忠诚的客户。此时，他对企业必然信赖，会再次感知企业的产品和服务，强化对忠诚度因素的体验，提升忠诚度。

（2）让客户成为企业的推销员　如果客户对产品和服务具有越来越高的满意感，不仅能成为带来利润的老客户，还是企业的义务推销员。假如客户对企业失望，产生信赖怀疑，对企业的忠诚度就会降低，此时如果不及时掌握情况和采取挽回措施，则会流失客户，带来利润损失。

（3）如果客户初次感知企业的产品和服务就产生了较低的满意或不满意情绪，那么要客户产生愉悦感是不可能的。一般情况下，他会变成企业难以再争取到的流失客户，离去的客户同时也将给企业带来潜在客户和间接利润的损失。

（二）忠诚客户的效益

忠诚客户所带来的收益是长期且具有累积效果的。一个客户能保持忠诚度越久，企业从他那里得到的利益越多。

1. 销售量上升　忠诚客户都是良性消费者，他们向企业重复购买产品或服务，而不会刻意去追求价格上的折扣，并且他们会带动和影响自己周围人士发生同样的购买行为，从而保证了企业销量的不断上升，使企业拥有一个稳定的利润来源。

2. 加强竞争地位　忠诚客户持续地向企业购买产品或服务，则该企业在市场上的地位会变得更加稳固。

3. 能够减少营销费用　首先，通过忠诚度高的客户多次购买，企业可以定量分析出他们的购买频度，不必再花更多金钱去吸引他们；其次，关系熟了，还会减少合约谈判及命令传达等经营管理费用；再次，这些忠诚的顾客还会向他们的朋友宣传，使企业获得更多正面的口碑。

4. 不必进行价格战　忠诚的客户会排斥企业的竞争对手，他们不会被竞争者的小利所诱惑，会自动拒绝其他品牌的吸引，所以不必与竞争者进行价格战。

5. 有利于新产品推广　忠诚的客户在购买产品或服务时，选择呈多样性，他们信任并支持企业，所以他们会较其他客户更关注企业所提供的新产品或新服务。一个忠诚的客户会很乐意尝试新业务并向周围的人们介绍，有利于企业拓展新业务。

实例分析

实例　某药店的生意很好，每年的销售额都高居省排名前列，在周边有着很高的品牌声望。即使周边的药店在搞活动，顾客也更愿意选择这家药店。这家店的顾客不仅在生病时第一时间想到的就是这家店，而且还经常给身边的朋友推荐这家店。他们喜欢的不仅仅是药店内干净整洁的环境和完备的药品储备，还有给予他们的服务。每当顾客进入这家店，就能得到一个微笑的问候："请问有什么可以帮您的吗？"不论店内再忙，都不会让你感到被忽视。而且这家店配备的药师极其专业，药品正规、包装完好，一些基础病往往都是药到病除。

问题　说说某药店是如何建立客户忠诚的？忠诚客户带来的效益又有哪些？

答案解析

即学即练 11－2

答案解析

忠诚客户带来的效益是什么？（　）

A. 销售量上升　　B. 加强竞争地位　　C. 能够减少营销费用

D. 不必进行价格战　　E. 有利于新产品推广

四、客户分级管理

服务决策的基础是客户信息，要做好客户关系管理，首先应建立客户信息档案库，将客户进行分级，并分别制定营销策略，才能合理配置服务资源，让客户产生更多的效益。而对临近流失和已经流失的客户，则应进行挽回，减少服务成本损失。

（一）建立客户信息档案库

俗话说"知己知彼，百战不殆"，在做好客户关系管理之前，先收集客户信息，并建立相应的档案库，在维护关系时才能做到有的放矢。例如，某生产儿童药品的企业在天猫旗舰店开店之前，先收集了怀孕 5～7 个月的孕妇的数据。根据数据显示的育儿需求制定了一套营销方案，即一边用企业微信公众号为孕妇们提供育儿教育服务，一边进行婴儿保健品的促销活动。不少电商平台都提供了相应的数据，如在淘宝平台的商家，可在后台管理中的"客户运营平台"中查阅成交客户、未成交客户和询单客户的交易额、交易笔数及最近交易时间等数据，在获得客户信息后，可在相应平台建立客户信息档案库，如淘宝平台可在“客户管理”下的“客户分群”中将店内所有客户进行分类管理。除了在平台内进行管理，也可根据最近一次消费时间单独将客户信息导入到 Excel 表格里进行消费频率整理与统计，便于今后查阅。

（二）根据客户价值将客户分级

每个客户能为店铺带来的价值（利润贡献）不同，而店铺的资源又有限，因此，店铺需要根据不同价值的客户分配不同的资源。根据客户产生的价值大小，电商平台中的客户可分为关键客户、普通客户和小客户。

知识链接

客户关系管理的 RFM 模型

在众多的客户关系管理（CRM）的分析模式中，RFM 模型是衡量客户价值和客户创利能力的重要工具和手段，该模型通过一个客户的近期购买行为、购买的总体频率以及消费金额三项指标来描述该客户的价值状况。

在 RFM 模型中，R（recency）表示客户最近一次购买的时间有多远，F（frequency）表示客户在最近一段时间内的购买次数，M（monetary）表示客户在最近一段时间购买的金额。一般的 CMR 分析着重于对客户贡献度的分析，RFM 则强调以客户的行为来区分客户。

最近一次消费（recency）意指上一次购买的时候。理论上，上一次消费时间越近的顾客应该是比较好的顾客，对提供即时的商品或是服务也最有可能会有反应。最近一次消费报告是维系顾客的一个重要指标。最近才购买商品、服务或是光顾商店的消费者，是最有可能再次购买商品的顾客。再者，要吸引一个或几个月前刚上门的顾客购买，比吸引一个一年多以前来过的顾客要容易得多。

现在很多客户关系管理软件都是以 RFM 模型来自动进行 RFM 值计算与客户分类的。

1. 关键客户 属于核心客户，数量在总客户中约占 20%，利润贡献率约占 50%，是重点维护对象。由此可见，客服应为关键客户提供最优质的资源和服务，让这部分客户为店铺贡献更好的经济效益。

关键客户是店铺利润的主要来源，也是店铺发展的重要保障。

（1）成立专人服务组 一方面，避免新客服因不熟悉业务而得罪关键客户；另一方面，让关键客户感受到被重视、被尊重，提高其忠诚度。

（2）给予优质资源服务 客服应准确预测关键客户的需求，把服务方案主动呈现给客户，提供售前、售中、售后的全面服务，满足关键客户的需求。

（3）以心换心地沟通、交流 想要真正地留住客户，就要淡化商业关系，让客户感受到彼此之间的友情，而非赤裸裸的交易关系。例如，当某老客户在购买某款商品时，客服可与客户聊相关的话题，增进相互之间的了解，淡化商业关系。

2. 普通客户 根据普通客户为店铺创造的利润和群体数量，商家需要提升客户级别和控制服务成本。努力培养其成为关键客户。对于有潜力升级为关键客户的普通客户，客服可以通过引导、创造、增加客户的需求，使其加大购买力度，提高对店铺的利润贡献率。例如某客户半年内在店内购买次数超过 10 次，但是每次的客单价都不高，这说明他信任店内商品，只是由于某些原因导致客单价较低。针对这种情况，可以配置专门的客服进行回访，询问最近需求，并在原来的优惠上再给予更强有力的优惠，刺激购买，提高客单价，从而使其发展为关键客户。

3. 小客户　小客户在利润贡献上是最小的一个群体。但也不能忽视对小客户的管理，应尽量努力提升客户等级。客服应筛选出有升级潜力的小客户，对其进行重点关心和照顾，挖掘其购买能力，将其提升为普通客户甚至关键客户。为降低服务成本，要压缩、减少对小客户服务的时间。例如，对普通客户可以每周发一次慰问短信，而对小客户可调整为每月一次。

不同等级的客户为店铺带来的利润贡献不同，因此应该对不同等级的客户设计不同的关怀项目。例如，关键客户为店铺贡献50%的利润，应该为这类客户提供最上乘的服务，给予特殊关怀，提高这部分客户的满意度，维系他们对店铺的忠诚。对于普通用户，由于这是数量最大的一个群体，因此应提供适宜的服务，努力将部分客户转化为关键客户。

第二节　医药电商客户服务

一、售前服务

医药电商客服在售前阶段的主要工作是解答客户疑问，向客户推销医药商品，促使客户下单。在客户下单后，根据情况确认、修改或取消客户订单。做好售前客服工作可以为客户创造更好的购物体验，从而提高店铺的交易量，增加店铺的利润。

（一）售前服务的准备工作

客服在售前服务工作中，不仅要服务于客户，解答客户的疑问，为客户出谋划策，还要做好营销工作，提高商品销量，传递品牌信息，增强客户认同感，使新客户变成回头客，老客户变成高频购买客户。

要想做好这些售前服务工作，首先应树立正确的售前服务理念，熟悉商品信息、促销信息及售前工作的流程。只有在工作理念和业务认识上都做好准备，才能在售前工作中做出好成绩。售前客服既需要树立服务至上的理念，也需要能进行品牌文化的传递。客服可在恰当的时机主动传递品牌信息。例如，客户在购买某个药品之后，客服可以与客户聊聊品牌文化、创业故事等，让客户在了解商品的同时，也了解店铺的深层内涵，增加客户对店铺的认同感。

1. 熟悉医药商品信息及促销活动　客服应熟悉自己的商品，了解商品的优缺点，巧妙地利用商品的优点去推荐商品，而对于商品的缺点仅进行温馨提醒即可，这样才能销售更多的商品。

此外，客服还应熟悉店内、店外的各种促销活动，如店内的满减、满赠活动，平台的聚划算、免费试用等活动，在适当的时候告诉客户，这样可以增加医药商品的销量或提高客单价。为了帮助客户巩固对商品知识的记忆，客服主管可以对客服进行月考，重点考察医药商品本身的信息，如品种、适应证、卖点等内容，并对成绩优秀者进行适当的奖励，以激励客服自发地熟悉商品的信息。

例如，蜂王浆虽然营养价值极高，但其口感较为特殊，如果直接服用，不少人都感觉不太适应；如果混合蜂蜜服用，则可改善口感。如果客户询问蜂王浆的信息，客服就可以改善口感为由将店内促销的蜂蜜推荐给客户。

2. 熟悉售前工作过程 售前客服的工作过程大致包括6个环节：礼貌问好、答疑推荐、关联推荐、推动下单、催促付款和礼貌告别。其中，关联推荐、推动下单和催促付款是最为重要的环节，也是最有难度的环节，客服需要重点掌握。

（1）礼貌问好 第一印象在人与人之间的交往中有很大的影响，有时甚至会终生存在于两个人的交往之中。在店铺交易中也是这样，当新客户第一次进店咨询客服时，如果客服给他（她）留下了礼貌热情、尽心尽责等正面印象，那么他（她）有很大可能就会变成回头客。对于老客户而言，如果每次进店咨询都能受到热情的接待，自然也会增加对店铺的黏度。有一些资深客服总结出这样一个经验，在客户进行购前咨询时，客服回答客户的文字数量最好等于或者超过客户问题文字的数量，这样会让客户潜意识中觉得自己受到了重视。而在客户重点阐述问题时，客服最好不要再回应较多的文字，而应以简短的文字鼓励客户继续说下去。

（2）答疑推荐 客户到店中进行询问，一般是因为以下两种原因：一种是客户已经看中了一件商品需要找客服了解更多的情况，或者有一些疑问需要客服进行解答；另一种是看中了店内的某类商品，需要客服帮助从中选择。客服要切实地站在客户的角度进行考虑，还可以将其他客户长期使用的反馈信息告诉客户，尽量帮助客户将选择范围缩小。如果客户不太挑别的话，也可以直接帮客户确定商品。

（3）关联推荐 即向客户推荐与客户所要购买的商品有一定联系的其他商品（关联商品），以提高客单价。客服在回答完客户关于商品的疑问，或者帮助客户挑选商品以后，可以视具体情况向客户推荐关联商品。推荐关联商品不仅可以极大地增加店铺商品的销量和店铺的盈利额，而且可以使客服获得更多销售提成的机会。

（4）推动下单 当客户确定要购买商品但又迟迟没有下单时，客服可以用适当的话术推动客户下单。推动的话术很多，例如告知客户促销活动时间即将结束：这个活动仅此一天，过了凌晨12点就恢复原价啦！或者今天是优惠的最后一天，明天就没有优惠了等等。

（5）催促付款 客户拍下商品后却迟迟没有付款，这是很常见的情况，此时客服就要催促客户进行付款。催付工作能够有效提高询单转化率，对促进店铺的销量有很重要的作用，应当引起客服的重视。

（6）礼貌告别 当客户下单并付款后，如果不再询问客服相关问题，则表示这次交流可以结束了。此时客服要主动与客户告别，这样不仅可以给客户留下好印象，还能够使客服尽快结束当前的谈话进程，为更多的客户服务。

（二）开场话术与礼仪

良好的开端是成功的一半。当客服接待客户时，要热情地说好开场白，为本次服务建立一个良好的开端。客服通过短短几句开场白，在客户心中建立良好的形象，对随后开展的答疑、促销等工作也是极有帮助的。因此，良好的开场话术与礼仪是一个客服应掌握的基本技能。比如用话题融洽交流气氛。当客户的头像是某位名人，那么客户很可能就是这位名人的粉丝，可以适当地和客户谈论这位名人的话题，这样很快就能找到共同点，让气氛融洽起来。或者找到对方的优点进行称赞，赞美是人与人之间交际的润滑剂。赞美可以活跃气氛，营造和谐的沟通氛围。客服可以使用赞美语言，让客户得到满足感并降低防备心理。

幽默是一种人格魅力，可以征服很多人。在客服工作中，如果能够用好幽默，让客户莞尔一笑，自然就能拉近双方的心理距离，减少客户对客服的潜在抵触情绪。

一般的客服都能做到彬彬有礼地接待客户，如果在此基础上能再加上一些热情和热心，让客户在感受到被尊重之外还能感受到温暖，这样就能极大地增加客户购买商品并成为回头客的概率。或者做一个倾听者，或者利用客户的逆反心理。如果能及时发现客户的逆反心理并调整相应的谈话策略，就可能收到较好的效果。

（三）售前客服的注意事项

客服在与客户交流时，还需注意一些常见问题，如长时间不回复客户、语言太浮夸、答非所问等，这些问题通常会造成客户流失。客服应随时提醒自己，不要犯下这些错误。

（1）及时回复客户，不要让客户等待太久　客户在与客服沟通时，都希望自己的问题能够迅速得到解答。如果很久才得到回应，客户肯定会不高兴，购买商品的欲望也就降低了。没有耐心的客户甚至会直接关闭交谈窗口而到其他店铺购买同类产品。

（2）赞美要真诚、精确，切忌过于浮夸　对于电商客服来讲，学会赞美是非常必要的。当客户高兴地接受赞美后，就更容易接受客服的推销。与实体店的导购人员不同，电商客服见不到客户，赞美的难度也就比较大。

（3）不要答非所问，掩盖缺点　由于电商线上销售的特殊性，客户只能从网页上了解商品的特点，因此一些客户会通过询问客服来进一步了解商品的优缺点。因此，客服最好正面回复客户的问题，不要回避，最好是诚实地将可能出现的问题告诉客户，并强调问题出现的概率较小，而且店铺有较好的售后服务，让客户可以放心购买。

（4）应客观回复客户提出的有关商品对比的问题，以增强客户对商品的了解。俗话说“货比三家”，客户购物时常常也会对同类商品的价格、属性、评论等进行比较。

（四）售前常见问题的处理技巧

在售前过程中，难免遇到客户讲价、对商品存疑、拍下不付款等问题。客服应掌握相应的处理技巧，正确应对，以促成订单成交。

1. 正确应对讲价　很多客户喜欢在购物前与客服讲价，成功了就可以节约一点儿，不成功也没有任何损失。所以，客服在与客户交流的过程中有时会碰到讲价的情况。

客服应该尽量不让客户讲价成功，否则损失的不仅是店铺的利润，客服本人的业绩提成也会受到影响。此外，若让其他客户知道了，可能也会要求降价，这将对店铺造成不良的后果。讲价的客户分为试探型、允诺型、对比型、直言不讳型和威胁型，针对不同类型客户的讲价，其应对方式也有所不同。

（1）试探型客户　发问时语气温柔，以询问的口气为主。这类客户大部分在被礼貌地拒绝讲价后，还是会主动拍下付款的，属于相对较好应对的客户。针对这类客户，客服应趁机介绍商品组合或店铺活动，引导客户多买一些商品。如果没有活动，先礼貌拒绝再看情况。

（2）允诺型客户　言语间已经透露出要买的意向，只是希望能再获得折扣。对于这种已经下定决心购买的客户，只要应对得当是很容易促使其下单的。客服只需表明商品价格合理、质量有保证、老客户很多，一般就能打动允诺型客户。

（3）对比型客户　喜欢拿别家的商品和价格来做对比。遇到这类客户，可以告诉对方自己的商品和服务好在何处、贵在哪里，把道理讲明白，增加客户的信任感，让客户认可贵得有理。

（4）直言不讳型客户　一般不会通过贬低商品来讲价，而是直接表明商品很好，但就是价格过高，希望商家降价。这类客户看起来强势，但很好沟通。针对这类客户，客服可以顺着客户的意思讲述商品的优势，让对方知道价格虽贵，但物有所值。

（5）威胁型客户　说话比较直接，经常表示如果商品不降价，就去别家购买。客服面对这样的客户，不要慌张，更不能盲目降价，但可以赠送一点儿小礼物，以免后期被客户频繁要求降价。正确的应对方式包括说明公司规定不允许降价和说明已是同类商品中较低价格。当客户讲价时，客服可以用“横向对比法”，将其他店铺的同款商品价格展示给客户看，让客户明白这个店铺的商品价格已经比较实惠了，降价空间不大，从而放弃继续讲价。也可以分析商品成本，摆明利润空间等方法。

2. 消除客户顾虑　由于网购的特殊性，网购双方都见不了面，客户也见不到商品实物，因此客户就会有很多关于商品本身和店铺服务的疑问，只有解决了这些疑问，客户才能放心地购买。客服要针对客户的疑问，进行直接有力的回答，让客户信服。客服应该在职权范围内尽量为客户解决各方面的困扰，这样才能够让客户更加信任店铺，从而成为回头客。

二、售后服务

在医药电商平台中，售后客服的工作相对比较烦琐，但又非常重要，因为客户对商品属性的问题、对用法的疑问等，都要靠售后客服来解决和解答。由此可见，售后客服的工作关系着客户对店铺的满意度，关系着客户是会回购还是流失。为了做好售后工作，售后客服应了解售后工作的相关理念以及工作内容，并掌握各种具体工作的处理技能。

（一）了解售后服务的岗位职责要求

电子商务售后客服的工作主要集中在处理已下单客户的问题，如退货、退款、补差额、跟踪物流、处理投诉、评价等事宜，故对电子商务售后客服的要求也较为严格，要求客服必须履行该岗位的职责。

售后客服的岗位职责是以服务为宗旨，处理好每一件售后事宜并维护好店铺与客户的利益。售后客服岗位职责的具体要求如下。

①解答商品的相关问题，如解答商品的安装和使用等。负责处理店铺的中差评，安抚客户情绪。

②查单查件，及时解决客户的快递问题。

③退货退款：了解退货退款需求，尽量挽回订单，避免损失；尽量让客户选择对店铺影响最小的退款理由。

④处理投诉：安抚客户情绪，做好各方面的沟通，给出解决方案。以和平解决为原则，当平台介入纠纷时，客服要配合平台提供相应的证据。

⑤整理客户信息：如客户账号、下单金额、下单次数等，为维护客户关系、推销商品做好准备。

⑥岗位职责应在客服上岗培训时进行学习并考试，如有轮岗顶岗制度，则所有轮岗顶岗人员都应在上岗前进行快速的岗位职责培训。在日常工作中，也应定时进行考核，敦促客服不忘职责。

（二）正确应对投诉

客户有时会放弃与客服协商，而直接向电商平台投诉店铺的商品或服务问题，并请求电商平台进行仲裁解决。

客户投诉店铺的原因有很多，可能是因为客服不认真解决问题，也可能是客户过于无理取闹。但不论什么原因，投诉都会对店铺造成严重的影响。投诉给店铺造成的损失比中差评更大，因为一旦店铺被平台认定为过错方，就会受到严厉的惩罚，如公示警告、禁止上架新品若干天，甚至永久冻结店铺等。因此，店铺一般都特别重视客户的投诉，均会要求客服掌握处理投诉的正确方法，力争让客户取消投诉，或让平台判定店铺无过错。

首先要弄清客户投诉原因。只要客户的投诉成立，商家就必须对平台进行解释。例如，有些医药电商平台规定，商家在收到投诉后，必须在规定天数内进行处理，不然就自动判定商家为过错方，根据规则进行处理。因此，对投诉的最好处理方法还是及时联系客户，与客户协商，争取让客户撤销投诉。尽早联系客户，不仅可以争取更多的处理时间，而且还有一定心理学上的原因。试想客户刚刚投诉就接到客服的电话，客户必然会有一种受到重视的感觉，心情可能会稍微愉快一些，也会变得比较通情达理。

客服平时在与客户交流的过程中，应避免使用有歧义的文字，以免引起无谓的冲突。在收到投诉后，客服应及时收集证据，正面面对调查。

（三）发货与物流问题的处理

在电商平台中购买的实物商品，一般都要通过邮寄的方式送达客户手中，因此快递是最重要的商品交流渠道。作为电商客服，应详细了解各种邮寄方式，之后才能根据自身需要选择合适的快递公司。

客户在下单后，发货人员就要把商品包装好，准备通过物流发送出去，最后安然无恙地送达到客户手里。商品包装看似简单，其实里面的学问还是很大的，客服要一一去了解，因为即使商品包装由库房人员经手，客服不亲自经手，但只有对包装的细节做到了如指掌，才不会在客户询问到包装问题时无法回答。

针对不同的商品，要采用不同的包装方法，这样既能保证商品在包装、运输途中的安全，也能尽量减少在商品包装上的成本支出。

（四）熟悉国内外常用的发货渠道

电商客服应熟悉国内外常用的发货渠道，这样在与客户交流时，才能回答客户关于收发快递的问题。有些兼任发货工作的客服，也能根据实际需求选择合适的快递公司。

（五）处理关于商品物流与签收方面的问题

快递运输过程中，容易发生一些常见的物流与签收方面的问题，如快递破损、未按客户备注错发快递、显示签收但实际客户未收到等。客服应掌握这些问题的基本处理流程，才能处理好客户反馈的问题。

（六）退换货问题的处理

退换货问题在售后问题中较为常见。客户在收到商品后，有时会因为商品的质量有问题，或者对大小、颜色、款式等不满意，要求店铺退换商品，甚至会单纯因为不喜欢而退货。处理好退换货问题，是一名售后客服的基本工作。

（七）确定退换货邮费及补差费用

实体商品一旦确定退换货，必定涉及邮费问题。不同的医药电商平台对退换货邮费归属有不同的规定，因此，售后客服应配合客户处理好邮费的归属及相应的补差。在做这项工作之前，客服需先和客户交流，确定责任的归属。

（八）与仓管人员协调处理退换货

大中型店铺一般拥有独立的仓管人员。在处理退换货事宜时，客服可能还需要仓管人员的协助与配合，客服与仓管人员交接工作一般是通过退换货表格来进行的。

客户在某微店购买一款发夹，但在收到货后表示不喜欢需退换货处理，接待客服应在“退换货详情表”内完善订单信息，并转交给仓管人员。仓管人员在拣货时，应严格按照表格内的信息进行处理，避免失误引起客户不满。

（九）客户评价的正确对待与及时处理

客户购物后的评价对其他客户有很大的参考作用。中差评较多的店铺，交易状况往往也不会好。很多电商平台为制约商家和客户，都会制定相应的评论规则。例如，在淘宝、天猫、京东等平台中，客户收到货物后，可用图文、视频形式对商品进行评价。无论是好评还是差评，都将展现在商品详情页中，供后面的客户查看。换言之，中差评将直接影响商家的销量，因此，客服应该对客户的评价进行监控与管理，一旦发现中差评，就要积极联系客户，劝说客户进行修改，并事后总结经验教训，从源头上杜绝中差评的产生。

（十）关于评价

回评的正确心态：热情诚恳，不卑不亢。

很多客户在购物时，都会习惯性地查看商品详情页里其他客户对该商品的评价。好评自然能为商品带来更高的销量，而差评虽然不好，但也不完全是坏事。客服可对认真给出评价的客户做出正面回应及相应的解释说明，这样可以给旁观者留下认真负责的好印象。

1. 感谢好评客户的支持 细心的客户会将自己使用商品的真实感受整理成文字、图片或视频，展现在评论里。客服可在评论下面给出相应的回应，对客户的信任表示感谢。在感谢客户选择自己商品的同时，还谈到了物流、售后等问题，让其他客户在查看评论页面时，受到正面的鼓励。

2. 对差评做出正面解释 作为商家，不应该惧怕客户抱怨，客户反映商品缺点其实是在帮助商家提高用户体验。部分客户购买商品时对商品的期望值偏高，在收到实物后觉得落差较大，没有联系客服而直接给出差评。客服与之联系请求删除差评无果后，可在评论页面做出正面回应。

大部分客户给予某个商品中差评的原因是对商品质量不满。客户认为商品质量太差，给予中差评大致分为两种情况：客户因为商品质量问题，与客服沟通后没有得到满意的结果，于是愤而给了中差评：客户觉得商品质量太差，但没有与客服沟通，直接给了中差评。针对这两种情况，正确的处理方式如下。

（1）与客服沟通后给中差评　当客服发现新的中差评时，应立即查看与该客户的交谈记录或售后记录，此时会发现客户已经跟客服沟通过了，但没有解决问题，这种情况下给的中差评比较难以修改，但也并不是完全没有办法。最常用的方法就是“换人说服，适当让步”。

所谓的“换人说服”就是更换当事客服，由资深的客服或客服主管与客户沟通，告诉客户，由于之前与他（她）交流的客服业务能力不强，对店铺的售后服务规则理解不透彻，导致客户的售后问题没有得到解决，现在改由资深客服或客服主管亲自来与客户协商处理售后问题。这样说的目的是让客户感觉自己的事情受到了重视，从而降低抵触情绪，愿意继续与店铺一起处理售后问题。

“适当让步”就是答应之前客服没有与客户谈妥的赔偿条件，甚至在成本允许的范围内，再小小地让一步，以换取客户修改中差评。当然，如果客户要求太多，还是不能答应，这个度要根据店铺的情况具体掌握。

（2）直接给中差评　也有部分客户觉得商品质量有问题，但没有与客服沟通，直接给了中差评。在这种情况下，客服要主动询问客户给中差评的原因，再有针对性地劝说客户删除中差评，并给予售后处理。

客户不和客服联系就直接给中差评的原因是多种多样的，有的是因为商品不值钱懒得和客服交涉；有的是因为商品质量太差，愤怒之下直接就给了中差评；还有的可能是蓄意报复，总之客服要了解清楚原因之后再进行处理．但也要注意店铺的利益，不要让步太大。

（3）正确回复针对物流的中差评　有的客户把物流的问题也怪罪到店铺身上．不仅给店铺打了中差评，还在评价里对快递公司表示不满。对这样的客户，客服要耐心解释，表明店铺并不能控制快递公司的运输，请对方谅解，并在可能的范围内对客户进行补偿。

（4）正确回复针对客服工作的中差评　因为客服态度不好而给店铺中差评的案例比比皆是。至于其发生原因，则应具体分析，有可能的确是因为客服态度有问题，也有可能是因为客户本人太敏感，还有可能是因为双方沟通不畅造成误会。不论原因是什么，只要客户在评论中提到了客服态度问题，那么店铺在处理时，遵循“换人处理，赔礼道歉”的原则，通常都会取得较好的效果。

实践实训

实训十　售后客服任务分析

【能力目标】

能够结合课本知识对具体售后客服业务进行处理。

【任务描述】

某客户在天猫医药馆购买了一个上臂式血压计，通过天猫后台查询到货物已经被签收，但是实际上客户还没收到商品。在这种情况下，如果你是这位售后客服，你应该怎么做？

【任务实施】

步骤1　分组分角色

各组通过小组共同讨论，在小组中安排成员分别扮演客户和客服，进行前期对话资料的准备。

步骤2　情景模拟

各组中客户和客服模拟现实中可能出现的客服情况，进行模拟沟通，将两者客户服务的对话记录下来，分析对话过程中的问题，并分析如何解决这些问题，以PPT形式提交。

步骤3　汇报展示

各组选派代表上台将各组的对话过程和分析结果进行汇报展示。

目标检测

答案解析

一、选择题

（一）最佳选择题

1. 一般来说，关键客户占总客户的（　）

A. 5%　　B. 10%　　C. 20%　　D. 30%

2. 客服要牢记自己店铺所做的各种承诺，不要因为（　）而被客户投诉。

A. 态度不好　　B. 记忆失误　　C. 没有售后　　D. 业务不熟练

3. 售前客服的工作过程不包括（　）

A. 礼貌问好　　B. 推动下单

C. 催促付款　　D. 整理客户信息

（二）多项选择题

1. 售前服务的准备工作有（　）

A. 树立售前工作理念　　B. 熟悉商品信息及促销活动

C. 熟悉售前工作过程　　D. 学习开场话术与礼仪

2. 客户关系管理在医药电子商务中的重要作用有（　）

A. 降低客户开发、维护成本　　B. 缩短交易流程，减低交易成本

C. 促进购买量和交叉购买　　D. 给店铺带来更多利润

二、判断题

1. 电子商务环境下市场透明，扩大了企业、客户、竞争者间的距离，使客户非常容易流失和转变，客户保持实际上就是一个建立和保持客户忠诚的过程。（　）

2. 关联推荐、推动下单和催促付款是售前客服的工作过程最为重要的环节，也是最有难度的环节，客服需要重点掌握。（　）

书网融合……

知识回顾　　习题

第十二章　医药电商新媒体运营

PPT

学习引导

同仁堂健康是健康领域的知名企业，在“双十二”前夕，通过电商官方旗舰店抛出了“双十二”活动，紧接着又通过“能量侠”派送了大量“能量包”。此次活动，不仅吸引了网红主播的众多粉丝参与互动，还在微信公众平台为“能量侠”的能量大传递提供了良好场所。如“午后犯困怎么办”等话题吸引了大批午后犯困族的深度围观。某大型咨询公司副总裁发朋友圈晒出“能量侠”与同仁堂玛咖乌龙茶的能量礼包，掀起了一场全民热议。最终，同仁堂健康巧妙地通过微信公众平台、直播等新媒体的运营，实现了品牌形象和产品销量的华丽进阶。那么医药电商新媒体运营有哪些技巧呢?

本章主要介绍微信公众号运营、直播运营、短视频运营技巧、社群与社群运营。

学习目标

1. **掌握**　微信公众号的运营技巧；直播运营流程；短视频运营技巧；社群运营的技巧。

2. **熟悉**　微信公众号的基本元素；常见的直播营销模式；短视频的内容定位；社区与社群的含义。

3. **了解**　微信公众号的分类；直播电商平台的分类；短视频的含义及优质短视频的五个元素。

第一节　微信公众号运营

一、微信公众号的分类

微信公众号就是在微信公众平台上注册的应用账号，可分为为订阅号、服务号、企业微信（原微信企业号）和小程序四大类型，他们共同构成了微信公众号体系。

1. 四类公众号的功能介绍

（1）订阅号　是一种新的信息传播方式，主要给用户传达资讯（功能类似于报纸和期刊，提供新闻信息或娱乐趣事），认证前后每天均可以群发一条消息，消息显示在用户的“订阅号”文件夹中（图 12－1）。

（2）服务号　主要给用户提供服务。服务号的常用功能很简单，使用场景以发布通知（如企业发放优惠券）和提供查询服务（如银行提供借记卡余额查询服务）为主，而其他功能很少被用到。服务号每个月只能发送 4 次群发消息，消息显示在用户的聊天列表中（图 12－1）。

（3）小程序　属于功能性公众号，是一种全新的连接用户与服务的方式，它可以被便捷地获取和传播，同时弥补服务号在高频应用场景为用户提供服务方面的不足，让用户通过小程序便能即刻获取生活中所需的各类服务，如点餐、订票、购物等。

（4）企业微信　是企业通讯与办公工具，具有与微信一致的沟通体验、丰富的办公应用和连接微信生态（即帮助企业连接内部、连接生态伙伴、连接消费者）的能力。

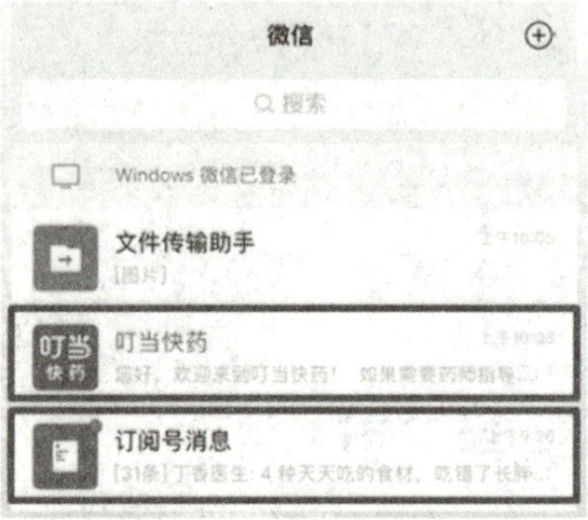

图 12－1　订阅号与服务号

2. 选择合适的公众号类型　如果想用公众号简单发送消息，做宣传推广服务，建议选择订阅号；如果想获得更多的功能，如商品销售，建议选择服务号，后续可认证再申请微信支付商户；如果想用来帮助企业高效运营，数字化管理客户，建议申请企业微信；如果想更好的连接线上产品与线下服务场景，建议选择小程序，并且与其他类型公众号联合使用（如将小程序插入到订阅号文章开头或末尾，引导用户使用）。

二、微信公众号的基本元素

微信公众号需包含头像、名称、微信号、功能介绍、二维码五个基本元素。

1. 头像　关注公众号之际，第一印象尤为重要，而这个第一印象就是由头像主导的。头像的选择可使用以下几种类型。

（1）文字型　可以直接把账号名称作为头像，更容易让人记住。背景可以使用与账号内容有关联的颜色或是品牌颜色（图 12－2）。

（2）品牌 logo 型　直接将品牌 logo 作为头像或者是 logo 加上其他元素，如网址、标语、账号名称等（图 12－3）。

（3）卡通图像型　可以由文化创意公司或者漫画作者设计卡通形象作为头像（图 12－4）。

（4）人物形象型　可以将比较知名的历史人物或者影视人物、动画形象等作为头像，借助名人效应增加公众号的辨识度，更好地传达公众号的定位（图 12－5）。

图 12－2　文字型头像

图 12－3　品牌 logo 型头像

图 12－4　好药师大药房头像

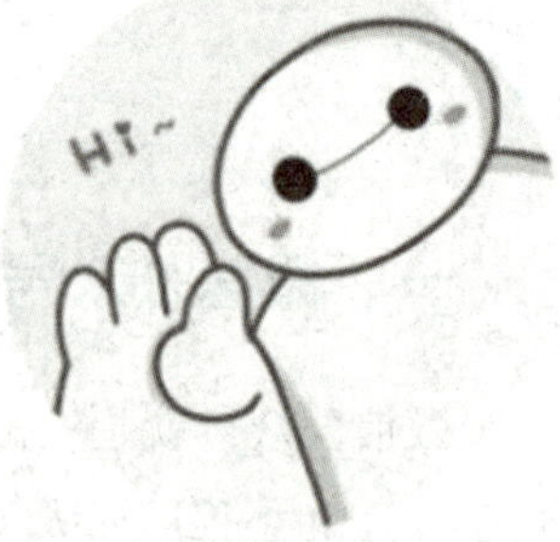

图 12－5　春雨医师头像

2. 名称　公众号的名称是重要的识别标识，是搜索流量的重要来源。好的名称能够对公众号的运营和推广起到锦上添花的作用，而要起好名称，一般应尽可能满足以下三个条件。

（1）直观体现账号定位　为了便于用户记忆与传播，应尽可能让用户看到名字就能知晓该账号是做什么的，如“平安好医生”，一看就知道是提供医疗健康服务的，既专业又能锁定精准用户。

（2）方便用户搜索　许多用户会通过搜索名称来关注相关公众号，此时便要考虑搜索的便利性，尽可能保证好拼写、好输入，避免用生僻字词及难以拼写的英语。

（3）多平台名称一致　一般而言，公众号的申请者除此账号外，还有微博、今日头条等其他平台账号，最好是所有平台都统一用一个名字，便于从已建平台引流。

3. 微信号　不支持设置为中文账号，必须以字母开头。设置时需把握两点：第一，微信号越短越好，越短越利于传播；第二，微信号要利于记忆，比如可以直接用账号的拼音。

4. 功能介绍　是用户搜索到公众号后的第一印象，所以功能介绍的填写可能会对用户的去留产生影响。一般而言，功能介绍分为两种，一种是简单直接传达公众号是做什么的，能够为用户带来什么样的价值，见图 12－6（平安好医生）；另一种是体现公众号的态度、格调的标语，见图 12－7（丁香医生）。

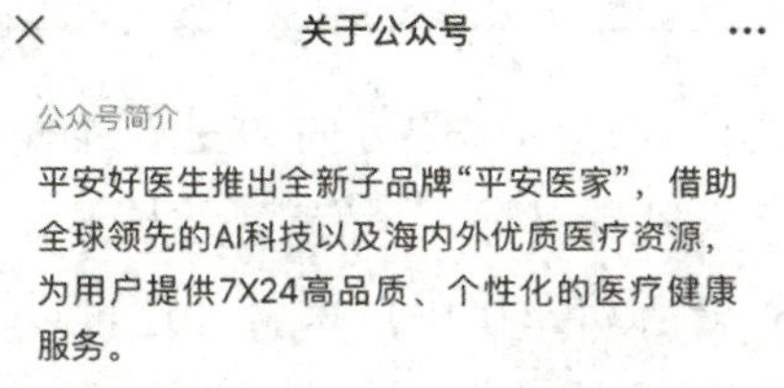

图 12－6　平安好医生公众号功能介绍

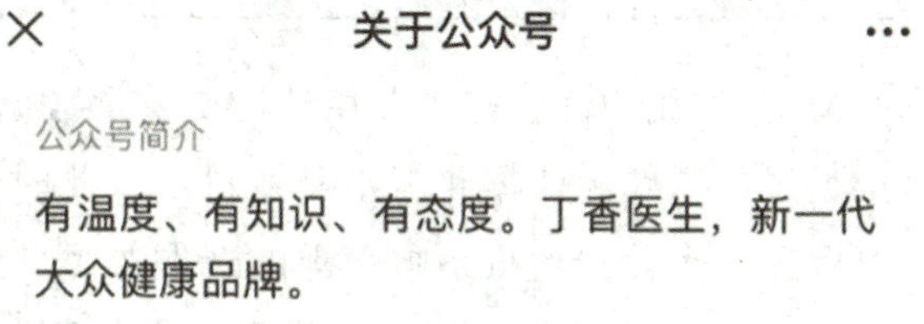

图 12－7　丁香医生公众号功能介绍

5. 二维码　通常被放置在底部，用以提醒读者关注公众号。二维码的选择也非常重要，图案样式可以吸引读者的视线，二维码在整个画面中放置的恰到好处会给人极度舒适的感觉。二维码的图案样式需要与公众号的风格及人群审美相符合。

三、微信公众号运营技巧

（一）内容为核心

内容是公众号运营的核心，高质量、高价值的内容才会被关注。在内容输出之前，首先要确定公众号文章的类型。

1. 确定适当的文章类型　常见的文章类型有以下几种。

（1）新闻型　在任何时候，当下热点的时效新闻都能吸引足够多的眼球。所以，不管哪个类型的公众号，都应该将新闻型内容作为常规内容之一。并重点关注两方面的新闻：一是与公众号定位相关的新闻，二是人人都关心的大众化新闻。

（2）教程型　此类文章往往会让读者学到或了解到许多非常有用的知识或技能，注重实用价值。优质教程型文章会受用户高度追捧，促使其自发转发和收藏，并长期关注该账号。

（3）故事型　故事型文章一般以叙述见长。这类文章的常见题材为历史人物和事件、当下知名人物的成长经历、组织机构的发展壮大等。

（4）观点型　以思想观点取胜。这类内容想要吸引关注，观点一定要与众不同，要么极具争议性，要么非常独到，要么异常犀利或者很有深度。

2. 获取多样化的选题 确定了文章类型，便需要获取多样化的选题并据此进行内容创作。

选题可以通过“内视”和“外窥”两个方法来分析目标用户感兴趣的内容。所谓“内视”，就是分析自己账号过往效果表现好的内容及用户真正需求；而“外窥”则是分析与自己目标用户相同或相似账号的内容方向。

（1）内视

1）分析账号历史发文数据 统计自己公众号过往全部历史文章数据，比如图文阅读、分享量、点赞量、打开率、分享率、推送时间等，分析这些数据，总结出之前受欢迎的各种选题方向。而后，把这些结果做成详细表格，便于以后测试、优化并升级（表12－1）。

表12－1 过往受欢迎选题方向汇总

类型	公众号选题方向				
阅读效果最好	选题方向A	选题方向B	选题方向C	选题方向D	……
分享效果最好	选题方向A	选题方向B	选题方向C	选题方向D	……
收藏效果最好	选题方向A	选题方向B	选题方向C	选题方向D	……
打开效果最好	选题方向A	选题方向B	选题方向C	选题方向D	……

2）挖掘用户真正需求 由于历史文章数据体现的都是之前发过的选题方向的受欢迎程度，而没有推送过的选题无法据此衡量其认可度，此时需要通过“询问”粉丝来寻找答案。方法有很多，比如可以在后台让粉丝投票感兴趣的选题类型，也可以发起征集活动，让用户留言，还可以通过在线问卷平台进行粉丝调查等等。最后，把得到的用户感兴趣的选题方向也做成详细表格，便于后用（表12－2）。

表12－2 未来受欢迎选题方向汇总

类型	公众号选题方向				
投票	选题方向A	选题方向B	选题方向C	选题方向D	……
粉丝群了解	选题方向A	选题方向B	选题方向C	选题方向D	……
问卷调查	选题方向A	选题方向B	选题方向C	选题方向D	……
微信私聊	选题方向A	选题方向B	选题方向C	选题方向D	……
公众号后台消息	选题方向A	选题方向B	选题方向C	选题方向D	……
……	……	……	……	……	……

（2）外窥 通过自媒体分析工具寻找与自己目标用户重合度高的账号，然后看看这些账号在发什么内容，他们的哪些选题方向是比较受用户欢迎的。有了一批目标账号后，要做的就是对这些目标账号进行内容选题分析，长期观察并做好汇总统计（表12－3）。

表12－3 目标账号内容选题分析

账号	用户重合度	公众号选题方向			
账号1	高	选题方向A	选题方向B	选题方向C	……
账号2	高	选题方向A	选题方向B	选题方向C	……
账号3	中	选题方向A	选题方向B	选题方向C	……
账号4	一般	选题方向A	选题方向B	选题方向C	……
……	……	……	……	……	……

3. 撰写有吸引力的标题　在正式开始内容创作之前，要完成标题的写作。写好标题，能够明确行文目的和沟通思路，有助于保持内容清晰，更重要的是，文章打开率的高低几乎完全取决于标题。

标题写作需掌握以下三个技巧。

（1）增加代入感　人们喜欢一切跟自己有关的事物。所以撰写标题的一个技巧就是，将读者代入进去，让其感觉跟自己有关。要与读者的经历、情感有关，与其所见所闻、行为动作有关，写得越逼真，读者就越能将自己代入。

增加标题代入感的要点：平视用户、寻找共鸣、多用“你、我”。如：“咳嗽原因多，对症用药才有效！辨别方法交给你！”

（2）激发好奇心

1）熟悉事物 + 新鲜信息　这是调动好奇心最基本的法则。所谓熟悉事物 + 新鲜信息，指的是所讲的事物对方很熟悉，但讲的与本事物相关的内容对方却闻所未闻。如“都说吃鱼好，但这种鱼真的少吃”。

2）戏剧化　戏剧化的核心，就是制造矛盾，制造冲突，制造反差。这个技巧最常见于故事型标题，某个人有着种种矛盾的标签，或者在极端艰难、戏剧化的场景下，做了一些反差非常大的事情。如“3 岁画画，一幅涂鸦赚 10 万元，百万粉丝夸她是天才，其实她只是被猫咪治愈了的自闭症儿童”。

3）延迟满足　激发读者好奇心，却不揭示答案，故意遗漏一部分信息，吸引读者点开标题查看文章。如“我国超 3 亿人有睡眠障碍，打工人如何提高睡眠质量？关键在于……”

（3）抓住人性弱点　人性的弱点主要有贪婪、懒惰、傲慢、嫉妒、暴怒、暴食等。抓住这些人性弱点，会极大提升标题的吸引力。如“让人拼了命也要吃的鱼，究竟有什么魔力”。

（二）推广引流增加粉丝数量

有了内容的输出，辅以推广引流才能增加粉丝数量。常见的推广引流的方法如下。

（1）腾讯社交广告　腾讯社交广告有两种类型，分别是微信朋友圈广告和微信公众号广告。在微信公众号后台申请开通广告后，便可以将自己的微信公众号推广至朋友圈或文章中。

（2）问答类平台　常用的问答类平台有知乎、百度知道、悟空问答等。按照问答平台的回答规则，巧妙自然地让自己的产品、服务植入问答中，借助平台流量实现增粉。

（3）公众号互推　通过加入同行交流群、同行交流活动等方式，多认识一些同行或其公众号的运营者，而后相互在公众号里适当推广对方的账号。

（4）借助热点事件　对于热点事件，可以借助两个较为关键的要素：时间和角度。若是能赶上热点的黄金时间，阅读和流量自然都不会低，但是这种抢时间的推文，在内容上可能不会有太多的发挥空间。而没有抢到时间的公众号，则可以选择不同的角度，对热点进行新的解读，这一类的文章更容易让热点发酵，形成二次传播。

需要强调的是，在借助热点事件之前，应该花更多的时间去思考这一热点事件是否有流量，以及这一热点事件的调性与公众号是否一致。

（三）加强互动，留存粉丝

互动能增加公众号的活力，且与粉丝沟通，可以加深粉丝的信任，提升粉丝满意度，促使粉丝对公众号保持长久关注。要想增加互动性，需要掌握以下方法。

（1）互动调查　问卷调查是一种传统却行之有效的方式，这种方式不但能与用户互动交流，还能搜集相应数据，洞悉用户习惯，可谓一举两得。

（2）有奖竞猜　竞猜类的方式虽比较传统，但经久不衰，如猜歌名、猜谜语等，能让用户乐此不疲。竞猜的奖品不一定非得是企业自己花钱采购，也可以是与其他厂商通过合作的方式互换。如果公众号粉丝多，甚至可以直接寻求赞助。

（3）留言抽奖　根据当前时事热点、近期活动、节假日等，准备一个互动话题，让用户在相应时间到推文的留言区留言互动，通过随机抽选或按点赞数排名等规则选取中奖用户。这种方式简单易行、便于操控，话题互动性越强，用户参与的积极性就越高。

第二节　直播运营

一、直播平台概述

（一）直播电商的发展阶段

随着直播技术的进步，各行业开始入局直播，其中电商行业走在最前列。直播电商的发展历程分为初探期、加速期、爆发期三个阶段（图 12－8）。

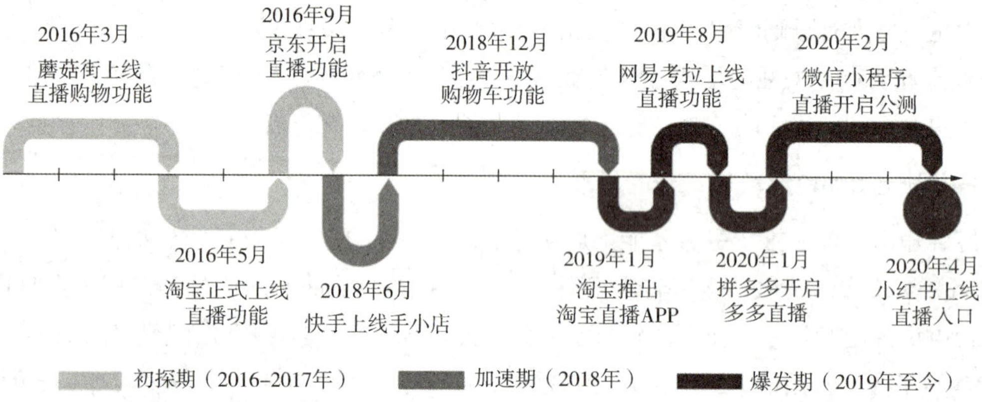

图 12－8　我国直播电商发展历程

（1）初探期　2016 年是直播电商元年，蘑菇街、淘宝、京东等主流电商平台纷纷上线直播功能。

（2）加速期　2018 年，快手、抖音等短视频平台入局，通过直播变现加速商业化布局。从跳转第三方购物平台模式到自建商品平台模式，短视频及社交平台依靠强大的先天流量优势，为直播电商摁下加速键。

（3）爆发期　进入 2019 年，平台加码、政府政策支持、头部主播突显，推动电商直播进入爆发式发展阶段。而 2020 年，因为疫情当前，线下零售受困，“宅经济”为直播营销渗透率的提升持续“添砖加瓦”。

（二）直播平台的分类

直播电商平台大致分为以下两种类型。

（1）传统直播电商平台　这类平台以淘宝为首，主要是通过在电商平台上开通直播间，引入内容创作者。

（2）社交直播电商平台　这类平台以抖音和快手为主，主要是通过接入第三方电商平台来布局直播＋电商的运营模式，品牌利用社交直播的方式打造爆款，从而打造新的营销推广渠道。

电商直播平台目前就是以上述两种类型为主，而这两种类型主要以“淘抖快”三大直播平台为主。随着进入者的不断增加，直播平台的场内竞争也会随之加剧。图 12－9 为直播电商平台占有率（时间截止到 2020 年 3 月 31 日，数据来源：中国消费者协会 前瞻产业研究院）。

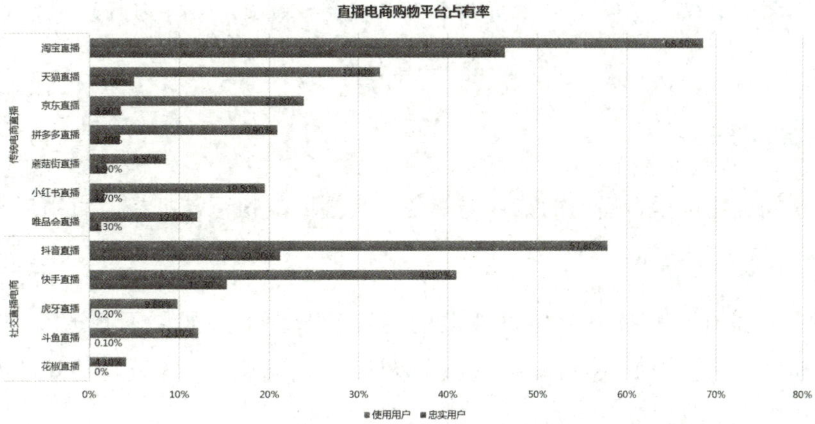

图 12－9　直播电商平台占有率

二、常见的直播营销模式

与服装、美妆等行业相比，医药行业可用于直播的内容很少，流量转化难度较大，但也不是无计可施，采用合适的内容和营销方式，将直播形式和与产品属性进行有效契合，会大有成效。常见的直播营销的模式有以下两种。

（一）以电商为主的直播营销模式

利用资金，雇佣高人气的主播来单纯进行产品促销，用高投入换高产出，但这种模式仅适用于滋补、保健、隐形眼镜、减肥、美容、家用医疗器械等类目，毕竟囤药的消费者很少。

（二）以内容为主的直播营销模式

在满足消费者健康与专业需求的基础上制定直播内容，并以直播内容为主，电商为辅。

邀请医生与各类专家或者健康达人，如瑜伽达人、美容达人、健身达人等，为消费者提供各类与健康相关的直播项目。在做疾病教育或者健康教育的同时顺带讲解一下产品，借助网络健康直播的业务推广，来带动相关产品的销量。

随着国家相关监管部门开始重视直播平台，医药电商的直播行为必须自带“严格、严谨、严肃”的标签。做到选品严格，比如药品是不能做直播的；宣传严谨，比如要遵守广告法，不能出现夸大宣传的言辞；态度严肃，产品的参数、操作、注意事项等不能出现任何差错，才能规避风险的出现。

实例分析

实例 A 药房在其曾经举办的“A＊B 专场”网络直播中，A 药房请来韩国的隐形眼镜品牌厂家 B，通过厂家的专家现场讲解如何安全佩戴隐形眼镜，并邀请韩国美容达人进行现场美瞳妆容配搭直播，为消费者带来面对面的产品感观与介绍，提升了 A 药房的专业品牌形象，同时促进了相关产品的销售。

问题 通过本案例总结零售药店开展直播营销的思路。

答案解析

三、直播运营流程

从整体上看，直播运营包括直播前的策划与筹备、直播中的执行与把控及直播后的复盘三大环节。

（一）直播前的策划与筹备

1. 直播内容策划 策划与直播账号定位相关的内容，新手主播如果不知道策划什么主题的内容，可以在直播中征求粉丝意见，为下次直播内容策划做准备，比如说：“各位直播间的朋友们，下次你们想要看什么样的内容呢，可以在公屏上打出来或者私信我哦！”

2. 直播间流量获取 在直播前，做好宣传，发挥直播预告的威力，可以吸引更多潜在的用户来看直播。企业新媒体团队可以利用官方媒体平台，进行直播预告。常见的官方媒体平台包括官方网站、认证微博、官方微信公众号、官方抖音号等。由于官方媒体平台属于企业的自有媒体，因此可以直截了当地将直播时间、直播账号、参与嘉宾、抽奖与惊喜等详细列出，完整地告知粉丝，并邀请其传达给自己的好朋友。

（二）直播中的执行与把控

直播活动执行时，通常包括开场设计、过程互动、收尾引导三个环节。

1. 开场设计 开场是直播留给观众的第一印象，一场好的直播，需要在第一时间将观众引入直播场景。可以在直播开场时，直接告诉观众直播相关信息，包括主持人自我介绍、主办公司简介、直播话题介绍、直播大约时长和本次直播流程等。一些吸引人的环节（如抽奖、彩蛋、发红包等）可以在开场中提前介绍，促进观众留存。

2. 过程互动 互联网直播具有较强的参与感，利用过程中的内容与互动，一方面使观众对直播本身产生兴趣，另一方面使观众对直播所倡导的理念、所推荐的产品提升兴趣，从而让观众在直播间停留。常见的直播互动有弹幕互动和直播红包两种形式。

（1）弹幕互动 即大量以字幕弹出形式显示的评论，这些评论在屏幕上飘过，所有参与直播的观众都可以看到。目前直播弹幕主要包括两类：第一类是直播间观众相互之间的评论，如“支持刚才楼上朋友说的”，主播对这类弹幕无须处理；第二类是直播间观众与主播之间的互动，如“一会儿该抽奖了吧，主播”，这类弹幕需要主播与其及时互动，幽默地回应观众提出的质疑，或详细地帮助观众解答相关问题。

（2）直播红包 为了聚集人气，主播可以发放红包或等价礼品，与更多的观众进行互动。除在直播平台本身发红包外，主播还可以选择支付宝、微信、微博等平台作为抢红包平台，提前告知观众。此举意在为站外平台引流，便于直播结束后的营销推广。

无论使用哪一平台发放红包，事先均需与观众约定好时间。一方面通知在场观众抢红包时间，另一方面暗示观众邀请朋友进入直播间等待红包，促进直播人气。此外，在红包发放前，主播可以进行倒计时，让“抢”红包更有氛围。

3. 收尾转化　一旦直播结束，观众马上散去，流量随之清空。为了尽可能避免流量流失，在直播结束时的核心思路就是将直播间的流量引向销售平台促进销售转化，亦或引入自媒体平台引导关注，还可以引入粉丝平台邀请报名。

（1）销售转化　通常留在直播间直到结束的观众，对直播都比较感兴趣。对于这部分观众，主播可以充当售前顾问的角色，在结尾时引导观众进入官方网址或网店，促进其购买产品。

（2）引导关注　在直播结束时，主播可将企业的自媒体账号及关注方式告诉观众，以便直播后继续向本次观众传达企业信息。

（3）邀请报名　直播中积极互动的观众容易参加后续的直播。对这类观众，可以在直播收尾时邀请入群，结束后通过运营该群，逐渐将直播观众转化成忠实粉丝。

（三）直播后的复盘

为了持续提升直播营销的效果，直播结束后通常需要总结经验教训并作为下一次直播的参考，这就是直播复盘。直播复盘主要包括数据分析与经验总结两部分。其中，数据分析主要是利用客观数据进行复盘分析，经验总结主要是在主观层面对直播过程进行剖析与总结。

1. 数据分析　企业新媒体团队可以通过销售数量、页面浏览数据分析、自媒体互动数据分析、问卷抽查数据分析四个方面，分析直播过程中及直播后收尾转化的效果。

（1）销售数量　通过查看店铺后台的下单数量可以分析直播效果。一场有效的直播在直播期间及直播后的发酵期会有明显的销量提升。此外，企业还可以对下单比例进行分析。下单比例指的是当日下单人数除以当日浏览人数，如果店铺浏览人数激增而下单人数很少，说明直播向网店引流的目的已经达到，但是由于页面吸引程度不够而导致下单人数少，后续需要重点改进的是网店页面的设计。

（2）页面浏览数据分析　在进行页面浏览数据分析时，主要关注“访问时长”数据，访问时长大于5秒的数据属于有效数据，访问时长小于5秒的用户通常对产品或品牌不感兴趣。某一时间段内所有访问时长大于5秒的访客数量除以访问总数，即可得出精准用户的大致比例。比例越大，说明访客有效性或精准度越高，在一定程度上也能说明直播的引导越有效。

（3）自媒体互动数据分析　微博、微信等自媒体平台，在粉丝关注后可以直接推送一条自动回复的欢迎词。在直播结束后24小时内统计后台回复数据，便可以分析直播收尾引导关注的效果。

（4）问卷抽查数据分析　这种方法适用于直播结束后建立粉丝社群的企业。通过问卷星等网站设计问卷，对粉丝的来源渠道、最感兴趣的直播环节等进行调研，随后将问卷发在粉丝群，邀请粉丝填写问卷。为了提升粉丝填写比例，增强问卷调研的有效性，可以利用红包、积分或礼物等，鼓励更多粉丝参与。

2. 经验总结　直播的客观效果可以通过相应的数据分析获取，但主播台词、团队协作等方面的成效无法通过数据获取，只能通过新媒体团队的内部总结形成。

（1）经验　直播整体或直播过程中的某个环节达到预期甚至超出预期可以作为经验进行记录，便于下一次直播参照。

（2）教训　未达目标甚至影响最终效果的部分需要总结为教训，后续直播尽量避免重蹈覆辙。

（3）问题　直播过程中遇到的新问题以及在策划环节没有考虑到的问题需要记下来，后续直播策划时必须将此环节考虑在内。

（4）方法　遇到问题后的解决方法也需要记录下来。此类方法尤其对加入新媒体团队的新人有指导意义。

直播结束后，只有不断总结经验、吸取教训、发现问题、解决问题，直播运营水平才能不断提升。

网络直播是行业发展的必然趋势，未来甚至会成为各电商企业的标配项目，毕竟在企业获客成本越来越高、产品价格竞争越来越激烈的环境下，网络直播将成为吸新、降低获客成本、打造新爆款产品的最有效途径。但是，企业不能唯利是图，而应从消费者需求出发，并严格遵守管理部门的相关规定，为行业的网络直播行为创造有利的客观环境。

第三节　短视频运营技巧

一、短视频概述

（一）含义

短视频是一种传播时长在 5 分钟以内的新型视频形式。主要依托于移动智能终端实现快速拍摄与美化编辑，可在社交媒体平台上实时分享和无缝对接。

目前主流的短视频平台有抖音、快手、西瓜视频、火山小视频、秒拍、美拍、腾讯微视、小咖秀、梨视频等。

短视频内容融合了技能分享、幽默搞笑、时尚潮流、社会热点、街头采访、公益教育等主题。短视频的出现既是对社交媒体现有主要内容（文字、图片）的一种有益补充，同时，优质的短视频内容亦可借助社交媒体的渠道优势实现病毒式传播。

（二）优质短视频的五个元素

1. 有吸引力的标题　平台在对短视频内容进行推荐分发时，会从标题中提取分类关键词进行推荐。短视频的播放量、评论、用户停留时长等综合因素则决定了平台是否会继续推荐该条视频。可见，标题是决定短视频打开率的关键因素。

2. 清晰画质　视频画质清晰与否决定了用户观看视频的体验感。很多短视频无法得到有效传播，和本身的画质有很大的关系。如果视频拍摄得不清晰，画质不够优秀，即使内容很好，也很难达到理想的传播效果。要想拍摄出高清晰度的短视频，一方面要选择较为专业的拍摄硬件，另一方面需要使用功能齐全（滤镜、分屏、拼接等视频剪辑的需求都能满足）的视频制作软件。

3. 价值趣味　用户在短视频上停留主要有两个原因：一是能从中获取有用的内容，二是能获得有趣味的共鸣。因此，短视频要能给用户提供价值或趣味，而不是让人看完觉得枯燥无味、不知所云。

4. 音乐节奏　如果说标题决定了短视频的打开率，那么音乐就决定了短视频的整体基调。短视频以视、听的形式来表达内容，配乐作为“听”的元素，能够增强短视频在镜头前给用户传递信息的力量。在短视频的音乐节奏搭配上要注意两个要素。

（1）在短视频的高潮部分或者是关键信息部分，卡音乐的重音，一方面突出重点，另一方面让视频更有协调感。

（2）配乐或背景音乐的风格与短视频内容的风格要一致，不能胡乱搭配。

5. 多维胜出 多方面、多角度优化视频决定了短视频整体的价值是否值得用户观看。强大的短视频团队会在编剧、表演、拍摄、剪辑和后期加工等多方面精雕细琢，从每一个角度来让视频更好看、更有创意，从而打造出更优质的短视频。

二、短视频的内容定位

面对不计其数的短视频，要想吸引消费者的注意力，制胜的关键就是准确的内容定位。短视频的内容是根据目标客户群体来定位和制作的，不同的客户群体喜欢不同的内容，因此，了解用户并进行用户画像是创作短视频的第一要务。

（一）短视频用户画像

用户画像是根据用户的社会属性、生活习惯和消费行为等信息而抽象出的一个标签化的用户模型。构建用户画像的核心工作即是给用户贴“标签”，而标签是通过对用户的信息进行分析而得到的高度精练的特征标识。

比如，某用户经常购买小儿感冒颗粒，那么医药电商网站就会根据用户购买情况给其贴上“有孩子”的标签，甚至还可以判断出孩子的大概年龄，贴上“有 3 ~ 6 岁的孩子”这样更为具体的标签，而这些所有的标签综合在一起就形成了这位用户的画像，即“一位 3 ~ 6 岁孩子的家长且经常买小儿感冒颗粒”。得出这样的结论后，医药电商网站就会向该用户精准推送关于 3 ~ 6 岁孩子的常用感冒药。

在大数据时代，依托庞大的用户数据可以构建出较为精准的用户画像。一般而言，用户数据分为静态信息数据与动态信息数据两大类。

静态信息数据比较容易掌握，比如用户的性别、年龄、地域、职业、婚姻状况、是否有孩子、消费周期等。静态信息数据需要对数以千计的样本量进行统计，而短视频制作公司通常体量小，且用户的基本信息重合度高，此时可以利用网站可获取的竞争产品账号数据来获取用户的静态信息数据。比如国内领先的视频全网大数据开放平台——卡思数据，能提供全方位的数据查询、用户画像、视频监测服务，为短视频运营团队在内容创作方面提供数据支持。

动态信息数据由于不断变化，比较难掌握。比如用户的浏览、搜索、点赞、评论等行为。因此对于动态数据，短视频制作者要进行长期追踪、搜集数据，然后从用户的变化中总结出规律，从而得出较为精准的用户画像。

（二）竞品分析

竞品分析指对现有的或潜在的竞争产品的优势和劣势进行评价，以有效提升产品的设计和运营。

明确了内容的用户定位后，还需要对竞争对手的粉丝量、每周更新量、每个视频的播放数据、内容风格、视频表现形式等数据进行优劣势分析，从而了解用户的喜好，挖掘用户需求，判断短视频的市场机会，初步确定内容范畴。

创作者刚开始做短视频时，可能会走一段试错的路。通常的做法是：先持续投放 10 天以上，密切关注数据，通过平台的表现来做预估和调整，再判断是继续做下去还是调整选题方向和内容形式。在这个过程中，创作者不仅要考虑成本和收获，还要衡量成本和最后栏目的播放量、粉丝量的对比情况。经过这个最小试错，创作者基本上能够把握账号的走向和市场情况，也就可以布局短视频内容范畴了。

三、短视频运营技巧

短视频账号要想长期受关注，只有内容是远远不够的，配合有效的运营才可以打造出爆款。短视频运营需要掌握以下技巧。

（一）增加视频曝光率提升流量

1. 多渠道转发 利用个人的社交关系和影响力，在微信、知乎、贴吧、微博等渠道进行转发传播，增加曝光率，可以获取更多用户的关注。也可以筛选大 V 付费推荐，但应尽量筛选精准的、流量真实的大 V 号。

2. 参加挑战和比赛 很多短视频平台都有挑战项目，这些项目自带巨大流量。例如，抖音每天都有各种主题的热门话题和挑战活动，鼓励用户积极参加，美拍可以制作亮眼的头图，参加话题活动上热门；今日头条的“金秒奖”是短视频行业内标准比较高的赛事，加入比赛不仅可以获得曝光，也可以向优秀短视频同行学习，提升自己的水平。

3. 付费推广 一些平台提供了付费推广渠道，有助于获取更大的曝光量。比如，抖音推出的短视频播放率推广工具“DOU +”，可以将视频推广给更多用户，支持自投放和代投放。使用“DOU +”的短视频会出现在抖音的首页推荐流里，根据抖音的高效智能推荐算法，视频会展现给可能对该视频感兴趣的用户或潜在粉丝。

（二）风格统一，领域垂直

账号的风格设定要统一，包含内容的形式、素材选取、拍摄风格等，一定要保持相关性，确保每个视频的统一效果。同时短视频运营是一个不断调整的过程，前期运营一段时间之后，要学会分析，根据数据进行调整，确定一个用户最喜欢的风格，这样才可以更好地积累粉丝。

（三）保证内容质量和更新频率

短视频运营一定要保证内容质量，创作者需要静下心来，精雕细琢，不断改进，打造精品内容。一方面要保持高清画质，确保画面精彩；另一方面，视频内容要聚焦，即只出现与内容有关的物件。切忌搬运视频，没有解说、没有字幕、没有开头结尾，这种视频是难以获得推荐的。因此，在制作短视频的过程中，一定要注意这些细节，结合自身领域、人群，保证输出的内容具有足够的竞争优势。

除了内容质量之外，还要保证内容的更新频率，断更或者停止更新除了会影响账号权重之外，也会出现粉丝减少的情况。

要掌握短视频的发布时间段，来定期、定时发布视频，一般 7 ~ 9 点是发布视频的最佳时期。然而，由于大部分用户选择在这个时间段发布，导致发布通道拥挤，审核也非常慢。

建议选择下午的 14：30 和 17：30 这两个时间段，其发布视频效果也非常好，审核速度也很快，后期可以按照这两个时间段定期更新视频，让粉丝可以定期查看，养成固定习惯。

（四）互动裂变

当短视频账号建立了一定的粉丝基础时，一定要关注视频下方的评论，积极与粉丝进行互动，做好维护的工作，可以做一些转发评论的抽奖活动，增加用户体验度，以更好地了解用户的需求，进而根据需求进行创作，如此也会为短视频带来更多的流量。

跟账号的忠实粉丝打好关系，建立信任感，这些忠实粉丝会自发地免费为账号宣传，向身边的朋友、同事等推荐该账号。新粉便会不断涌入，随着内容持续稳定的输出，如果这些新粉喜欢短视频内容，那么，他们就会变成忠实粉丝，忠实粉丝的基数也因此扩大，循环往复，账号粉丝数也会越来越多。

短视频领域运营需要时刻保持学习、思考以及不断理解粉丝需求，进行反复尝试，在实践中也要不断冒出新想法，持续地更新和输出新内容可以让用户有较强的认同感，视频达到了一定的粉丝量就可以考虑培育粉丝社群，利用社群与粉丝建立情感连接，创造互动、转化的机会，达到营销目的。

知识链接

短视频的未来——短视频 + 人工智能

最先在短视频领域引入 AI 的并不是在 AI 技术上领先的百度，而是阿里巴巴。在 2018 年“双十一”前夕，阿里巴巴和相关单位共同研发的 AI 应用“Alibaba WOOD”上线。通过 AI 技术，该平台 1 分钟内能制作 200 个商品展示短视频。

除了具备自动将图片转化为视频的能力外，Alibaba WOOD 还首次使用了音乐情感分析技术。例如，通过大数据分析，对于“甜美”风格的服装，商家大多选择民谣音乐，Alibaba WOOD 就会将“甜美风格”与“民谣”对应起来。未来的短视频将结合人工智能，更加理解用户，让每一个行为更加精准和智能。

就目前情况来看，短视频和人工智能的结合更多地体现在内容审核上，未来会逐步应用在短视频制作和分析等其他领域。

第四节　社群与社区运营

一、概述

（一）社群与社区的含义

社群是把人聚合在一起形成一个圈子，通过兴趣、爱好等方式形成一种生态，总的来说，社群是人与人连接的工具，也是打造人与人强关系的媒介。

社群需要管理者来把控入口和出口，保证社群的共性不会随着新进入者而降低。制度是最好的管理者，被认同且被执行的制度是社群存活的根本。

而社区可以理解成承载和容纳各种用户或者社群的存在。表 12－4 为社群与社区的对比分析。

表 12－4　社群与社区的对比分析

维度	社群	社区
概念	一群人做不同的事	一群人做同一件事
群体特征	共性人群，人群层次差异不大，共同追求一样事物	人群收入稳定，消费力强，对新事物接受能力强
情感	归属感	参与感
产品/服务	主题发散但聚焦	固定主题
管理	制度化管理	集权化
运营	自治	管理员负责

续表

维度	社群	社区
维护	价值	兴趣爱好
关系	强关系	弱关系
特点	核心人物	去中心
传播速度	传播速度快，用户精准	传播速度快，用户较分散

社区与社群本质上都是互联网时代产生的一种组织形式，最大的区别就在于参与成员的精致化程度不同。社区成员比较宽泛，主要是由各个成员聚集在一起相互关联的大集体，紧密度比较低；社群成员比较精细，范围比较小，紧密度更高一些，各个成员会有一个相对统一的目标。人可以根据单一需求或者爱好组成社群，也可以因为自身爱好需求多样组成社区，社区可以看成不同社群组成的群体，具有多样性、包容性等特点。

答案解析

即学即练

下列选项中，属于社群的是（　）

A. 学校百草园中药协会　　B. 同仁堂药房的会员

C. 小米血压计的用户　　D. 第一批接种新冠疫苗的人

（二）社群的分类

一般来说，常见的社群有以下几种类型。

1. 产品型社群　在商业社会里，产品始终是第一位的。只不过与工业时代相比，产品的成本结构与性能属性发生了改变而已。产品的本质是连接的中介，过去承载具体功能，现在承载趣味与情感。优秀的产品能直接带来可观的用户、粉丝群体，基于这个群体往往还可以开展更多业务，实现利润的增加。产品型社群分为以下两种形式。

（1）虚拟产品型社群（知识型社群）　知识型社群成员乐于分享自己的经验知识和成果。社群成员之间相互交流和学习，并从中得到相互的肯定和尊重。常见的就是知识付费社群，比如知乎。

（2）实体产品型社群（品牌型社群）　品牌型社群是以用户对产品的情感利益为联系纽带。用户基于对产品的特殊感情和认知。认为品牌能体现自身的体验价值和形象价值。用户认为这种品牌价值符合他们的人生观和价值观。从心理上得到契合，从而产生心理上的共鸣。

2. 兴趣型社群　是基于兴趣而创建的社群，通过虚拟网络由具有共同兴趣的参与者组成。参与者通过网络进行互动交流，寻找到一群彼此兴趣相投的伙伴，实现了人与人之间的自由聚合。

在这个追求自由化、多元化、个性化的社群时代，来自个体成员非常微小的兴趣、非常精细的需求、非常细腻的情感，都能找到同类的人组成社群，个人的兴趣因为有了社群的互动而引起共鸣并得到放大。兴趣型社群蕴含着巨大的商业价值，值得企业和商家挖掘。适合建立免费社群，比如大众点评。

3. 资源型社群　是一种以资源置换共享为基础的社群模式，其目的和兴趣型社群相差不大，在于成员之间不断分享资源。

4. 工具型社群　更具体地说应该是社群应用平台，如微博、微信、陌陌等，是为人们进行社群交流提供的基础性工具。如今，社群已经渗透到人们的工作、学习、生活中，成为一种普遍的日常状态。在这一趋势下，社群成了加强实时沟通的一种灵活方便的工具，可以完全服务于用户特定的场景沟通需求。

二、社群与社区运营技巧

企业在开展社群运营时应注意使用以下几个技巧。

（一）树立社群的核心价值观

人类合作的前提条件便是有统一的目标，社群运营同样如此。社群所聚拢的是有同样需求或者同一属性的用户，而要想让这些用户长期的活跃于社群之中，并释放其价值，需要树立社群的核心价值观，筛选出认可社群价值观的用户，通过以点带面来影响后期加入的用户，形成良好的社群氛围。

（二）培养关键意见领袖，形成规范的制度和管理

社群运营不是围绕在某个核心人物（多是运营人员）上，而是要以金字塔式的组织架构进行管理。而这就需要通过对用户的圈层管理，筛选出与社群核心价值最契合并且有服务精神的核心关键用户，有意识地去培养他们成为社群的关键意见领袖（key opinion leader，KOL）。

这些 KOL 能代替运营人员，在新成员入群的时候向其介绍群规，帮助运营人员进行日常的社群管理，减轻运营人员的负担。更重要的是由于他们来自于用户群体，能让其他用户觉得更有信服力。

（三）定期举办活动，形成用户黏性

定期活动的优势在于，可以培养用户的行为习惯。活动可以是线上的，也可以是线下的。在活动的选择上，初期应从“轻、短、高频”的活动做起，这样更有助于用户黏性的快速形成。“轻”是指活动成本相对较低包括企业的人力、物力成本和用户的参与成本两个方面；“短”是指单个活动的耗时要短；“高频”是指活动的举办频次要保证，要养成定时或者定点的举办，这样有助于让用户养成自觉参加活动的习惯。

如果条件允许，最好能定期举办些线下活动，能增加人与人之间的了解与信任，产生深度链接。

（四）工具化提高运营效率

做社群运营，需要要懂得一些工具和技巧。比如小 U 管家，可以辅助管理社群，包括签到、活跃度、群聊天精华整理、群任务发布等，方便快捷，有效提高运营效率。

实践实训

实训十一　实践运营微信公众号

【能力目标】

1. 掌握微信公众号后台操作方法。
2. 提高微信公众号文章写作与推广能力。

【实训内容和实训练习】

（一）实训内容

（1）通过微信公众号官网注册微信公众号（订阅号）。

（2）登录微信公众号的后台后可以进行相应的设置，点击“素材管理”在微信公众平台发表微信

文章。注意：手机端用公众号助手 http：//www. zfdmkj. com/进行相应的操作。

（3）在“功能”面板中单击“消息管理”选项卡，可以看到发送信息的用户，单击右侧的“快捷回复”按钮，即可回复用户信息。

（4）用户流量分析　公众号后台可查看粉丝人数的变化、当前公众号粉丝的分布情况。“功能”面板中单击“用户分析”“用户属性”“菜单分析”等选项卡，可分析用户情况。通过用户详细的流量分析，可以评估第一段时间内的推广方案是否有效。

（二）实训练习

（1）注册自己的医药相关微信公众号，并设置微信公众账号名称、头像、功能介绍、自动回复等基本信息，并以二维码的形式邀请用户关注。

（2）试着推送 1 篇文章（过一段时间查看用户详细的流量分析）。

【实训拓展作业】

关注一些知名的医药方面的微信公众号，比如“丁香医生”，查看公众号的内容，学习其设置方式、推送内容等技巧，结合自己运营微信公众号的经历，写一篇关于 XXX（自己微信公众号的名称）微信公众号运营策略（方法）的文章。

答案解析

目标检测

一、选择题

（一）最佳选择题

1. 选择公众平台，订阅号主要用于做（　），服务号主要用于做（　）

A. 管理　　B. 传播

C. 服务　　D. 推广

2. 如果想用来管理内部企业员工、团队，对内使用，建议选用（　）

A. 订阅号　　B. 服务号

C. 企业号　　D. 以上都不对

3. 不适合雇佣高人气的主播来直播带货，促进产品销售的产品是（　）

A. 保健品　　B. 家用医疗器械

C. 小儿感冒颗粒　　D. 隐形眼镜

4. 可以获知直播收尾引导关注效果的分析是（　）

A. 销售数量　　B. 页面浏览数据

C. 自媒体互动数据　　D. 问卷抽查数据

5. 发布短视频效果比较好且审核速度也很快的时间段是（　）

A. 7：30　　B. 8：30

C. 12：30　　D. 14：30

（二）多项选择题

1. 目前，电商直播三大平台为（　）

A. 淘宝　　B. 京东

C. 抖音　　D. 快手

2. 短视频创作需要依托庞大的用户数据构建较为精准的用户画像，下列属于用户动态信息数据的是（　）

A. 婚姻状况　　B. 浏览情况

C. 点赞行为　　D. 消费周期

3. 以下各项中，属于工具型社群的是（　）

A. 知乎　　B. 微信

C. 美丽说　　D. 微博

4. 下列关于社群与社区的说法中，正确的是（　）

A. 社群因为有共同的目标或价值观，而让每个成员具有归属感

B. 制度是最好的管理者，被认同且被执行的制度是社区存活的根本

C. 社区成员之间关系比较紧密

D. 社群需要管理者来把控入口和出口，保证社群的共性不会随着新进入者而降低。

二、简答题

1. 微信公众号运营中如何获取多样化的选题？
2. 医药电商有哪些常见的直播平台和直播营销模式？

三、综合分析题

“丁香医生”是专注提供面向大众医学健康内容与医疗健康服务的微信公众号，它邀请实名认证的医生入驻，与用户交流答疑，帮助用户的同时，也有助于医生打造个人品牌。

“丁香医生”上发的文章是由专业医生和专业团队撰写的科普文章和医疗常识。这些文章将有助于提升用户整体的医学常识水平，对用户预防疾病、疾病康复、个人养生等都有帮助。

据了解，“丁香医生”上的文章内容是“丁香医生”先向专业医生约稿，给行业最高的稿酬，稿件要经过内部一个单独的医学团队进行内容评审，文章发布后，还有不少专业的医生在看。“丁香医生”有规定，如果医生找出文章的问题，可以单独得到奖励。“丁香医生”对文章内容质量的重视程度由此可见一斑。

如此优质的内容获得了许多读者的青睐，这为公众号增加了不少粉丝，此外，知乎上多次出现“丁香医生”的推荐信息，也有大量关于“丁香园”“丁香医生”的话题讨论。在知乎上推送关于健康类话题有上百万人关注，所以知乎的话题和广告位也给“丁香医牛”带来了大量的粉丝。

每篇文章后的留言区域为粉丝提供了自由问答的空间，这为粉丝解决了不少的疑问，深受粉丝的欢迎，增加了粉丝与“丁香医生”之间的粘性。

思考：“丁香医生”公众号运营主要运用了哪些技巧？

书网融合……

知识回顾　　习题

参考文献

[1] 陈玉文. 医药电子商务 [M]. 3版. 北京：中国医药科技出版社，2019.

[2] 王飒. 商品及品类管理 [M]. 北京：中国人民大学出版社，2019.

[3] 于邢香，杨建曾，谢翠梅. 选品与采购 [M]. 北京：高等教育出版社，2019.

[4] 秦阳，秋叶. 微信营销与运营 [M]. 2版. 北京：人民邮电出版社，2020.

[5] 勾俊伟，张向南，刘勇. 直播营销 [M]. 北京：人民邮电出版社，2017.

[6] 郑昊，米鹿. 短视频：策划、制作与运营 [M]. 北京：人民邮电出版社，2020.

[7] 汪永华. 网络营销 [M]. 2版. 北京：高等教育出版社，2019.

[8] 周玉涛. 承前启后，蓄势待发2019－2020年度中国药店医药电商发展报告 [J]. 中国药店，2020(04)：110－116.